W0053748

Andreas Pittler

KARL
SEITZ

1869–1950

Andreas Pittler

KARL SEITZ

1869–1950

EDITION WIENER BÜRGERMEISTER

Jakob Reumann (1853–1925)

Theodor Körner (1873–1957)

Cajetan Felder (1814–1894)

Karl Seitz (1869–1950)

Karl Lueger (1844–1910)

Impressum

© 2012 by Carl Gerold's Sohn Verlagsbuchhandlung KG, 1090 Wien

Autor: Dr. Andreas Pittler

Coverfoto: © ÖNB/Bildarchiv Wien

Lektorat: scriptophil. die textagentur; Layout: Klara Keresztes, 1080 Wien;
Druck: Druckerei Holzhausen, 1140 Wien. ISBN 978-3-9502631-9-0.
Alle Rechte vorbehalten. Kein Teil des Werkes darf in irgendeiner Form
(Druck, Fotokopie, Mikrofilm oder in einem anderen Verfahren) ohne schriftli-
che Genehmigung des Verlages reproduziert oder unter Verwendung elektroni-
scher Systeme verarbeitet, vervielfältigt oder verbreitet werden.

INHALTSVERZEICHNIS

Einleitung

„Karl Seitz ist mit der österreichischen Sozialdemokratie, mit der Sozialistischen Partei Österreichs, unlöslich verbunden, seit den neunziger Jahren in ihr hervorragend tätig, bot ihm der alte Reichstag der kaiserlichen Zeit mit seinen vielen Parteien ein reiches Feld der Betätigung. Nach dem Tode Victor Adlers, also vom Beginn der ersten Republik bis zu ihrem Ende, stand er weithin sichtbar an der Spitze der Partei. In diese Zeit fällt das sozialistische Aufbauwerk in Wien, an dem der Name Karl Seitz untrennbar haftet. Seine würdige Haltung und sein Leiden in der Zeit des Faschismus haben ihn, den Mann des Volkes, dem Herzen des Volkes noch näher gebracht [sic]."

Mit diesen Worten charakterisierte Bundespräsident Adolf Schärf jenen Mann, der nach Michael Häupl und Franz Jonas der Wiener Bürgermeister mit der drittlängsten Amtszeit in den letzten hundert Jahren war. Doch Karl Seitz, einer der Architekten des „Roten Wien", war nicht nur Bürgermeister. Er war auch Österreichs erstes republikanisches Staatsoberhaupt.

Das Leben von Karl Seitz erstreckt sich über nicht weniger als zehn Jahrzehnte. Als er 1869 geboren wurde, war Kaiser Franz Joseph I. noch ein verhältnismäßig junger Mann und dessen Frau Sisi das Vorbild der adeligen Damen. Zu Seitz' Tod 1950 war die Welt der Monarchie bereits weitgehend aus dem Gedächtnis der Menschen verschwunden. Das Land hatte zwei verheerende Weltkriege erlebt, war mehrmals beinahe (und einmal tatsächlich) untergegangen und hatte doch immer wieder eine Auferstehung erlebt. In Seitz' Lebensweg spiegelt sich aber auch der Aufstieg der arbeitenden Klasse von der rechtlosen Masse zur bestimmenden Kraft im Staate. In einem Waisenhaus aufgewachsen, brachte es Seitz bis an die Spitze der Republik und wurde das erste nicht monarchische Staatsoberhaupt Österreichs. Und doch sah er seine Amtszeit als Staatspräsident nie als den Höhepunkt seiner Laufbahn an. Als solcher galt ihm sein Jahrzehnt als Wiener Bürgermeister, in dem es ihm gelang, die Ideen seines Vorgängers Jakob Reumann mit dessen Team an Stadträten weitgehend umzusetzen. Wien bekam in Seitz' Amtszeit ein völlig neues Gesicht. Die zahllosen Elendsquartiere der Arbeiterschaft konnten Stück für Stück abgetragen werden, denn die Gemeinde Wien errichtete zwischen 1919 und 1934 über 64.000 Wohnungen für das städtische Proletariat, das damit erstmals in der Geschichte Wiens in lebenswerte Domizile übersiedeln konnte. Getreu dem Motto „Licht in der Wohnung, Sonne im Herzen" waren alle Wohnungen großzügig geschnitten und mit modernen Sanitäreinrichtungen ausgestattet. Dazu bekamen die neuen Wohnstätten eine Vielzahl an wichtigen sozialen Einrichtungen wie Bibliotheken, Kindergärten, Kaffeehäuser, Klubräumlichkeiten und Ateliers, vor allem aber weitläufige Grünflächen. Damit entstand ein völlig neues Lebensgefühl, und bald war Wien für seine sogenannten Gemeindebauten wie den Karl-Marx-Hof, den Reumannhof oder den Friedrich-Engels-Hof in der ganzen Welt berühmt. Doch als man Seitz für dieses gewaltige Werk Dank abstatten wollte, lehnte er eine solche Ehrbezeugung entschlossen ab: Er sei nur einer von vielen gewesen, die dieses neue Wien geschaffen hätten, ja ihm als Bürgermeister sei eigentlich viel weniger zu danken als all den Baumeistern und Bauarbeitern, den Planern, Lenkern und Leitern, den unzähligen Händen, die zu diesem Aufbauwerk beigetragen hätten. Bei Seitz wusste man, dass diese Bescheidenheit keine Koketterie war, hatte er doch seine Herkunft nie verleugnet und war der Klasse, der er entstammte, stets verbunden geblieben.

Die einfache Abstammung bedeutete für Seitz aber keineswegs, dass man schlecht gekleidet herumlaufen musste. Schon von frühester Jugend an legte er großen Wert auf ein gepflegtes Auftreten; so galt er stets als der bestgekleidete „Rote" und erwarb sich gar den Beinamen „schöner Karl" – ein Prädikat, das die Wiener eineinhalb Jahrzehnte zuvor schon seinem Widersacher Karl Lueger verliehen hatten.

Im Februar 1934 wurde Seitz jäh aus seinem Schaffen gerissen. Nur knapp mehr als 15 Jahre nach der Ausrufung der Republik wurde die Demokratie in Österreich wieder abgeschafft. Die sozialdemokratische Verwaltung Wiens wurde abgesetzt, Bürgermeister Seitz in seinem Amtszimmer verhaftet und ins Gefängnis gesperrt. Zehn Jahre später sollten die Nationalsozialisten den mittlerweile 75-jährigen Seitz erneut verhaften und ihn in ein Konzentrationslager bringen. Seitz überlebte den Zweiten Weltkrieg und kehrte 1945 nach Wien zurück, wo er noch einmal den Vorsitz seiner Partei übernahm, den er schon ab 1918 innegehabt hatte. Er kandidierte abermals für den Nationalrat und hatte die Ehre, dem wiedererstandenen österreichischen Parlament als Alterspräsident vorzustehen. Die Sozialdemokraten ernannten ihn nach seinem Rückzug von der Parteispitze zum Ehrenvorsitzenden, und noch bis zu seinem Tod 1950 war Seitz ein klassischer „Elder Statesman", dessen Wort auch im Ausland Gewicht hatte. Karl Seitz prägte die Zeitepoche über nahezu ein halbes Jahrhundert. Mit seinem Ableben ging daher auch ein Abschnitt unserer Geschichte zu Ende.

Kaiser Franz Joseph I. während seiner Reise nach Konstantinopel und
Kairo anlässlich der Eröffnung des Suezkanals im Herbst 1869

LEBEN UND WERK

Karge Jugend

Als Karl Seitz am 4. September 1869 in der Nußdorfer Straße 18 zur Welt kam, da war Wien die vermeintlich glanzvolle Metropole eines Riesenreiches, das zu den fünf Weltmächten der damaligen Zeit zählte. Auf Augenhöhe mit dem Britischen Weltreich, dem Kaiserreich Frankreich, mit Preußen und dem russischen Zarenreich, war Österreich-Ungarn ein Staat, dessen Stimme weltweit gehört wurde. Er erstreckte sich von Vorarlberg und Südtirol im Westen bis in die heutige Ukraine im Osten, und von Krakau im Norden bis nach Dubrovnik im Süden. Kaiser Franz Joseph I., der dieses Gebilde seit 1848 von der Hofburg aus regierte, gebot über rund 50 Millionen Menschen, die ihm in elf Sprachen (Deutsch, Ungarisch, Tschechisch, Polnisch, Serbokroatisch, Ukrainisch, Rumänisch, Slowakisch, Slowenisch, Italienisch und Jiddisch) huldigten. Seit 1867 war das Kaisertum Österreich durch den Österreichisch-Ungarischen Ausgleich in zwei Reichshälften unterteilt, von denen die eine offiziell „Länder der Stephanskrone" hieß und die Gebiete der heutigen Staaten Ungarn, Kroatien, Slowakei sowie Teile des heutigen Rumänien umfasste. Dieser Teil galt als königlich, da Franz Joseph auch König von Ungarn war. Die übrigen Territorien, die neben dem heutigen Österreich – ausgehend von ihren heutigen Grenzen – auch Tschechien, Slowenien sowie Teile Italiens, Polens, der Ukraine und die Küstengebiete Kroatiens umfassten, wurden allgemein als „im Reichsrat vertretene Königreiche und Länder" bezeichnet, da sie ihre

Vertreter ins Wiener Parlamentsgebäude entsandten. Dieser Teil galt als kaiserlich, womit sich das berühmte Kürzel „k.u.k.-Monarchie" ergab. Da die beiden Hälften durch den Fluss Leitha an der Grenze zwischen Niederösterreich und Ungarn geschieden waren, sprach man auch von „Cis-" und von „Transleithanien", also von Gebieten diesseits und solchen jenseits der Leitha.

Da der Ausgleich zu Seitz' Geburt noch nicht lange zurücklag, herrschte in weiten Teilen des Wiener Bürgertums noch eine allgemeine Aufbruchstimmung. Unter dem liberalen Bürgermeister Cajetan Felder waren viele für die Stadt wichtige Neuerungen durchgeführt beziehungsweise in Angriff genommen worden. Keine zwanzig Jahre zuvor hatte man beschlossen, die mittelalterliche Stadtmauer niederzureißen und die ehemaligen Vorstädte als Bezirke 2 bis 9 an Wien anzugliedern. Das freie Feld zwischen der Innenstadt und den neuen Bezirken wurde für den Bau einer Prachtstraße genutzt, an der nicht nur wichtige öffentliche Bauten wie das Parlament, die neue Hofburg, das Burgtheater, das Rathaus, die Universität und die Museen entstehen sollten, sondern wo auch dem Geldadel Gelegenheit geboten wurde, sich standesgemäße Häuser zu errichten. Dementsprechend war Wien ein Anziehungspunkt für viele Bewohner der Monarchie, die in der Reichshaupt- und Residenzstadt ihr Glück versuchten.

Durch die Stadterweiterung wuchsen aber auch die Vororte näher an das Zentrum heran. Einer davon war Währing, der heutige 18. Bezirk, wo es damals wie in den Nachbarorten Dornbach, Hernals und Döbling viele Weinbauern gab, die zum Teil seit Generationen ihren Wein kelterten. Aus einer solchen Hauerfamilie stammte Karl Borromäus Seitz, der sich nun im Holzhandel versuchte.

Durch kaufmännisches Geschick gelang es ihm, zu einigem Wohlstand zu gelangen, sodass er eine Wirtstochter heiraten und sich ein eigenes Haus in der Nußdorfer Straße kaufen konnte. Das gutbürgerliche Gebäude wies einen großen Innenhof auf, der für den jungen Karl ein wahres Paradies darstellte. Dort konnte er spielen und mit seinen Geschwistern eine unbeschwerte Kindheit verbringen. Denn die Seitzens waren mit einer reichen Kinderschar gesegnet. Karl hatte einen Bruder, Josef, und nicht weniger als vier Schwestern: Adele, Karoline, Maria und Hermine. Und allen schien im großen Österreich eine große Zukunft bevorzustehen.

Dann allerdings kam es 1873 im Gefolge des Börsenkrachs zu einer ernsten Wirtschaftskrise, unter der auch der Holzhandel des alten Seitz schwer zu leiden hatte. Das Vermögen schmolz dahin und Karl Borromäus Seitz musste all sein Geschick aufwenden, einen Bankrott abzuwenden. Kaum aber war das Ärgste überstanden, da streckte ihn ein Blutsturz nieder, an dem er wenige Tage später verstarb. Mit knapp sieben Jahren war Karl Seitz zum Halbwaisen geworden. Die Mutter freilich hatte von der Holzbranche nicht die geringste Ahnung, und so schlitterte das Unternehmen einige Zeit später endgültig in die Pleite. Zwar versuchte die Mutter noch, die Familie durch Näharbeiten über Wasser zu halten, doch sah sie sich schließlich gezwungen, ihre Söhne ins Waisenhaus zu geben, da sie sie nicht mehr ernähren konnte. Für Karl Seitz brach eine Welt zusammen.

Auch heute noch ist ein Waisenhaus kein Honiglecken, doch damals, in der Monarchie, gemahnten solche Einrichtungen beinahe an Gefängnisse. Tagein, tagaus militärischer Drill, übertroffen bloß von einer extrem

Unbeschwerte Kindheit in den Innenhöfen der Nußdorfer Straße

bigotten Auslegung des katholischen Glaubens. Die Kinder mussten pausenlos beten, und wenn sie bestimmte Abschnitte der Evangelien nicht auswendig aufsagen konnten, setzte es Prügelstrafen. Die Verpflegung war karg und zudem ekelhaft, auf Bildung wurde kaum Wert gelegt. Wie die anderen Waisenkinder wurde Seitz in eine Schule in der Viriotgasse im 9. Bezirk geschickt und dort in allen Fächern von einem einzigen Lehrer unterrichtet. Schon damals, so erinnerte sich Seitz später, wurde in ihm ein gewisses Klassenbewusstsein geweckt, denn es war offensichtlich, wie sehr die ärmeren Kinder gegenüber den finanziell besser gestellten benachteiligt waren: „Ich erlebte schon sehr früh am eigenen Leib das harte Los des Proletariers jener Zeit." Die Kinder wurden unmittelbar nach dem Schulunterricht zur Arbeit angehalten, wobei es den Erziehern darum ging, jedem Einzelnen ihrer Zöglinge Grundkenntnisse in einem Handwerk beizubringen, damit sie sich ehestmöglich in die Armee der Arbeiter einreihen konnten. So hatte auch Seitz bereits in jungen Jahren in einer Schneiderwerkstatt auszuhelfen, die Uniformen herstellte. Damit wäre sein Schicksal auch schon besiegelt gewesen – wenn ihm nicht der Zufall zu Hilfe gekommen wäre. Anlässlich der Heirat von Kronprinz Rudolf wurden die Kinder des Waisenhauses abkommandiert, ein patriotisches Fest im Augarten mit Kinderchören abzurunden. Der kleine Seitz war ausersehen, zuvor einige Worte an die Festgäste zu richten. Durch seine Rede fiel er dem Gemeinderatsabgeordneten und Paten des Waisenhauses, Wilhelm Baecher, auf, der ihm einen Freiplatz im Landeslehrerseminar in St. Pölten besorgte. Statt in einer muffigen Fabrik Röcke für die Soldaten des Kaisers zu fertigen, bekam Seitz so die

Chance, als Lehrer junge Menschen zu unterrichten, und zwar besser, als es seine Lehrer mit ihm gemacht hatten. Im Herbst 1883 rückte Seitz in seine neue Ausbildungsstätte ein.

Allerdings war er auch hier kaserniert. Er schlief mit zehn bis 15 anderen Jugendlichen in einem Schlafsaal und bekam einen streng geregelten Tagesablauf auferlegt. Zudem herrschte auch in der kargen Freizeit ein strenges Regiment. Selbst die Lektüre wurde vorzensuriert, und wer sich beispielsweise dabei erwischen ließ, so „gottlose" Schriftsteller wie Goethe zu lesen, der wurde mit Hausbeziehungsweise Stubenarrest belegt. Seitz unterlief diese strengen Regeln auf seine eigene Weise: Er besorgte sich die verbotene Literatur und las sie heimlich auf der Toilette. Überdies verdiente er sich ein wenig Geld dazu, indem er Nutzen aus dem früher Gelernten zog und seinen Mitschülern die Hosen flickte.

So überstand er die Jahre im Lehrerseminar ganz gut und schloss es im Juni 1888 als Jahrgangsbester ab. Als solcher durfte er die Dankesrede der abgehenden Lehrer halten, doch es wäre nicht Karl Seitz gewesen, wenn er bei dieser Gelegenheit nicht für einen Skandal gesorgt hätte. Im Reichsrat wurde damals gerade über eine Schulreform debattiert, und Seitz nutzte die Gelegenheit, vor versammelter Festgesellschaft dazu Stellung zu nehmen. Er forderte einen Ausbau der Bildungsmöglichkeiten und sprach sich dagegen aus, die Schulpflicht, wie es die Konservativen wollten, von acht Jahren auf deren sechs zu verkürzen. Zudem postulierte er eine Ausweitung der natur- und geisteswissenschaftlichen Fächer. Die Empörung war riesig, der Direktor der Anstalt schlicht sprachlos. Völlig verdattert gab er jedem sein Abschlusszeugnis, nahm aber Seitz das seine nach dem Festakt wieder weg. Offiziell hatte Seitz das Lehrerseminar damit nicht absolviert.

Doch Gemeinderat Baecher ließ seinen Schützling nicht im Stich. Übergangsmäßig besorgte er Seitz einen Posten als Schulaufseher in der Gassergasse in Margareten, wo dieser wenig später auch als Unterlehrer eine Anstellung bekam. Gleichzeitig legte Seitz gegen das Handeln des Direktors am Lehrerseminar Protest ein, dem schließlich stattgegeben wurde. Seitz erhielt sein Zeugnis doch noch ausgehändigt, wenn auch mit einer schlechteren Betragensnote. Er behielt sein Quartier in der Gassergasse und unterrichtete in der folgenden Zeit an diversen Volksschulen.

Nebenbei engagierte er sich als Erzieher im Waisenhaus in der Alleegasse, war er doch selbst in einer solchen Institution aufgewachsen. Die Erfahrungen, die er hier machte, beschleunigten seine Annäherung an die Sozialdemokratie. Diese hatte Anfang 1889 endlich ihre langjährige Krise überwunden. Im Gefolge des Neudörfler Parteitags 1874 war die noch junge Bewegung in drei Fraktionen zerbrochen, von denen eine die Annäherung an die Liberalen propagierte, eine zweite streng auf marxistischem Boden blieb und eine eigene klassenkämpferische Partei wollte, und die dritte Fraktion sich in anarchistische Ideen flüchtete. Die Behörden nahmen vor allem die Aktivitäten der dritten Fraktion zum Vorwand, den Ausnahmezustand zu verhängen und die Sozialdemokraten mit aller Härte zu verfolgen. Dadurch sank die Zahl ihrer Anhänger beständig, bis 1886 der Armenarzt Victor Adler daranging, den zerstrittenen und demoralisierten Haufen wieder zu einigen. Es gelang ihm, zur Jahreswende 1888/89 einen neuen Parteitag im niederösterreichischen Hainfeld einzuberufen, bei dem die

Streckenkarte von Karl Seitz mit Foto, 1893

Karl Seitz (Mitte) mit der Lehrervereinigung, vorne rechts
das Ehepaar Leopoldine und Otto Glöckel

Delegierten nicht nur eine Prinzipienerklärung annahmen, sondern sich auch gegenseitig versicherten, von nun an gemeinsam für die Ziele der Arbeiterschaft einzutreten. Erste Zeichen des Aufschwungs waren schon 1889 zu erkennen, als der Partei mit der „Arbeiter-Zeitung" ein eigenes Presseorgan erstand. Und ein Jahr später zeigte man ungeahnte Stärke, als wahre Massen dem Aufruf der Partei zur ersten Demonstration am 1. Mai folgten.

In der Politik

Seitz kannte bereits 1889 etliche Sozialdemokraten persönlich, und so war es nur folgerichtig, dass er sich 1890 der neuen Partei anschloss. Seine persönlichen Erfahrungen hatten ihn dazu gebracht, sich verstärkt mit politischen Schriften zu befassen, in denen er seine Ansichten in vielem bestätigt sah. Er fiel bald als begabter Redner auf, sodass die Sozialdemokratie ihn frühzeitig als Agitator einsetzte. Kaum Mitglied der Bewegung, hielt er einen Vortragszyklus zum Thema „Was will die Sozialdemokratie" und gründete mit gleichgesinnten Lehrern eine Art Interessensvertretung. Die soziale Besserstellung war ihm im wahrsten Sinn des Wortes eine Herzensangelegenheit, denn seit er als Unterlehrer in der Augartenstraße nicht mehr genötigt war, bei den Zöglingen zu nächtigen, wohnte er wieder bei seiner Mutter – zunächst in der Liechtensteinstraße, dann direkt am Gürtel, der schon damals keine noble Adresse war. Als seine Mutter 1892 an Tuberkulose starb, fand er eine Bleibe bei seinem Freund Alexander Täubler, der gleichfalls am Gürtel wohnte. Mit diesem stand er auch an der Wiege der sozialdemokratischen

Lehrerbewegung: Sie nannte sich „Zentralverein der Wiener Lehrerschaft", wurde 1895 formell gegründet und gab sich mit der „Freien Lehrerstimme" ein eigenes Organ, das zunächst 14-tägig erschien. Erster Chefredakteur war Karl Seitz, der diesen Posten 1898 an seinen Freund Täubler abtrat. Mit der Gründung eines Vereins und einer Zeitung erregte er freilich nur noch mehr den Unwillen der Obrigkeit, die ihn und seinesgleichen bei jeder sich bietenden Möglichkeit schikanierte und nur auf einen Anlass wartete, die unbequemen Zeitgenossen überhaupt aus dem Schuldienst entlassen zu können.

Dies umso mehr, als in Wien seit 1896 die Christlichsozialen Karl Luegers an der Macht waren, die das Ziel verfolgten, das gesamte Schulwesen ausnahmslos mit ihren Parteigängern zu füllen. Oppositionelle Kräfte waren da in keiner Weise gefragt, zumal Lueger versuchte, auch ideologisch das Rad der Zeit zurückzudrehen. Die Liberalen, von denen die Stadt vor Lueger über 30 Jahre lang verwaltet worden war, hatten in ihrem Schulgesetz die Konfession zugunsten der Lehre und des Wissenserwerbs in den Hintergrund gerückt. Unter Lueger wurde wieder die Verbundenheit mit der katholischen Kirche betont und sogar das Schulgebet am Beginn des Schultages erneut eingeführt. Wenn da ein Lehrer aus der Reihe tanzte, reagierte die christlichsoziale Schulverwaltung natürlich entsprechend gereizt.

Nun, Seitz und seine Freunde tanzten gehörig aus der Reihe: Ihnen war nicht entgangen, unter welch elenden Bedingungen Arbeiterkinder in Wien leben mussten. Sie dokumentierten die Missstände in einer Studie und veröffentlichten die Ergebnisse in der Zeitung. Sofort wurde ein Disziplinarverfahren gegen sie angestrengt, das aber im

Sand verlief, da Seitz gegen keinen Paragraphen verstoßen hatte. Ebenso wenig konnten die Behörden Seitz etwas ans Zeug flicken, als er sich in genehmigten Versammlungen gegen die schulpolitischen Pläne der Christlichsozialen aussprach, denn er tat dies in seiner Freizeit, und da durfte man selbst in der Monarchie machen, was man wollte.

Durch diese Aktivitäten wurde jedoch auch Victor Adler, der anerkannte Führer der Sozialdemokratie, auf ihn aufmerksam. Er forderte Seitz auf, seine Vorstellungen für die „Arbeiter-Zeitung" zu Papier zu bringen. Und was lag näher, als den jungen Heißsporn zum Kandidaten für die Wahlen zum Bezirksschulrat zu nominieren. Seitz genoss zu dieser Zeit, im Frühjahr 1897, bereits einen Ruf, der es ihm leicht machte, die Wahl für sich zu entscheiden. Doch die Christlichsozialen konterten prompt. Sie argumentierten, Seitz hätte gar nicht gewählt werden dürfen, weil er kein Lehrer, sondern nur Unterlehrer sei. Die Sozialdemokraten beriefen gegen Seitz' Nichtzulassung durch die Wiener Schulbehörde und bekamen schließlich vom Verwaltungsgerichtshof Recht. Karl Seitz war damit Mitglied des Bezirksschulrates und bekleidete sein erstes politisches Amt.

Mit diesem Mandat stieg er erstmals direkt gegen Karl Lueger in den Ring, der im April 1897 Bürgermeister von Wien geworden war. Der hatte sich an der unbotmäßigen Lehrerschaft gerächt und führende Exponenten des Zentralvereins, namentlich Alexander Täubler und Otto Glöckel, ohne irgendein Verfahren, ja ohne jedwede Angabe von Gründen ihres Lehrerpostens enthoben. Und hier setzte auch Seitz' Protest gegen Luegers Edikt an. Doch letztlich blieb aller Widerstand erfolglos, da sich Lueger auf den Standpunkt zurückzog, die Genannten seien nur provisorisch in den Schuldienst übernommen worden, es habe daher jederzeit die Möglichkeit bestanden, ihr Dienstverhältnis ohne Angabe von Gründen zu beenden. Dem war juristisch wenig entgegenzuhalten, und Seitz hatte fürs Erste eine Niederlage hinzunehmen. Doch er sah diese als Auftrag, sich noch eindringlicher als bisher für seine Kollegen zu engagieren. Dazu war es freilich nötig, in die Offensive zu gehen. Während er für seine Ziele warb, lernte er eine junge Lehrerin kennen, die an der Mädchenschule in der Margaretner Castelligasse unterrichtete. Emilie Heindl stammte aus einem stramm katholischen Haus, ihr Vater war Mesner in Ottakring. Doch die Zuneigung der beiden wuchs allen Gegensätzen zum Trotz und sie wurden 1899 ein festes Paar, das 1900 schließlich Hochzeit feierte. Die Eheleute bezogen eine kleine Wohnung in der Thaliastraße in Ottakring, ehe sich Karl Seitz nach den Reichsratswahlen des Jahres 1901 in der Burggasse im 7. Bezirk niederlassen konnte.

Adler hatte Seitz in all den Jahren nicht aus den Augen verloren und ließ sich für die Wahlen von 1901 im Zusammenhang mit dem immer noch geltenden Kurienwahlrecht etwas Besonderes einfallen: Seit Österreich über ein eigenes Parlament verfügte, also seit 1861, waren die Wähler gemäß ihrem Stand beziehungsweise Reichtum in Klassen eingeteilt, in denen sie unter ihresgleichen parlamentarische Vertreter wählen konnten. Die 5.000 Reichsten des Landes entsandten beispielsweise 80 Mandatare ins Hohe Haus; später, 1897, sollten viereinhalb Millionen Wähler der damals neuen fünften Kurie 72 Vertreter wählen. Allein an diesen Zahlen ist die Ungerechtigkeit des Systems auf den ersten Blick ablesbar, und doch war die Schaffung der fünften Kurie ein großer

Erfolg für die Sozialdemokraten gewesen, weil sie dadurch erstmals in einigen Wahlkreisen Aussicht auf Erfolg hatten. Doch die neue Regelung hatte ihre Tücken. Zum einen waren die Wahlkreise so definiert worden, dass die Arbeiter nirgendwo eine Mehrheit besaßen, zum anderen sorgte eine Vielzahl von Auflagen (u. a. die vorgeschriebene lange Ansässigkeit an einem bestimmten Wohnort) dafür, dass sehr viele Arbeiter gar nicht erst wählen durften, da sie – nicht zuletzt wegen ihrer unsicheren Arbeitsverhältnisse – oft von einer Wohnung zur nächsten umziehen mussten. Insofern war es zwar erfreulich für die Sozialdemokratie, dass sie bei der Wahl von 1897 stolze 14 Mandate errang, doch stammten diese aus Böhmen, Mähren und Galizien; ein Mandat in Graz bildete die Ausnahme. In Wien konnten sich die Schwergewichte der Partei wie Adler, der Favoritner Volkstribun Jakob Reumann oder der Ottakringer Franz Schuhmeier samt und sonders nicht durchsetzen. Und es bestand die Gefahr, dass sich diese Niederlage bei den Wahlen im Jahr 1901 wiederholen würde.

Daher verfiel Adler auf die Idee, nicht nur für die fünfte, allgemeine Wählerkurie Kandidaten aufzustellen, sondern im Wahlkreis „Viertel unter dem Manhartsberg" (dieser umfasste im Wesentlichen die Bezirke Gänserndorf, Hollabrunn, Mistelbach und Korneuburg) auch jemanden für die dritte Kurie zu nominieren, in der jene Bürger versammelt waren, die mindestens fünf Gulden an Steuern entrichteten. Diese Taktik war möglich, da gerade in besagter Gegend verhältnismäßig viele Arbeiter wohnten, die seit langem dort ansässig waren und wegen ihrer Fachkenntnisse auch relativ gut verdienten. Dennoch ahnte Adler, dass sie zu wenige sein würden, um tatsächlich einen

Kandidaten in dieser Kurie zum Erfolg zu führen. Man musste also auch einen Teil der Beamten und Freiberufler für sich gewinnen. Es brauchte jemanden, der bekannt genug war, um gegen die anderen Bewerber zu bestehen, und die erforderliche Rednergabe besaß, um die Wähler von sich zu überzeugen. Karl Seitz schien hiefür der richtige Mann zu sein. Er wollte zunächst ablehnen, aber Adler machte ihm klar, dass es kein Zurück mehr gab, und überredete ihn schließlich zur Kandidatur.

Sein Wahlkampf war alles andere als leicht zu organisieren, denn gerade in dieser sensiblen Situation war es für Seitz besonders wichtig, sich in seinem Schuldienst keiner Pflichtverletzung schuldig zu machen. Eine solche wäre ein willkommener Anlass gewesen, ihn als Kandidaten zu desavouieren und ihm seine Anstellung als Lehrer aufzukündigen. Zudem war sein härtester Widersacher, der Christlichsoziale Dr. Richter, der amtierende Mandatar dieses Wahlkreises (damals gab es in Österreich noch ein Persönlichkeitswahlrecht nach englischem Vorbild), und gerade in ländlichen Wahlkreisen bestand die Tendenz, einen Abgeordneten, der die Wiederwahl anstrebte, in seinem Amt zu bestätigen. Insofern war es für Seitz schon ein großer Erfolg, Richter in eine Stichwahl zu zwingen. Nun allerdings standen seine Chancen noch schlechter, denn es musste davon ausgegangen werden, dass die Wähler rechter Kandidaten für Richter stimmen würden, während aus diesem Reservoir kaum Stimmen für einen Sozialdemokraten zu erwarten waren. Doch das Unerwartete geschah. Seitz setzte sich mit einem Vorsprung von einer Handvoll Stimmen durch und war damit der erste Abgeordnete seiner Partei, der sein Mandat nicht in der allgemeinen Wählerkurie errang.

Karl Seitz, um 1900

Zwar erhob der Bürgermeister von Floridsdorf, das damals noch eine niederösterreichische Gemeinde war und nicht zu Wien gehörte, Einspruch gegen Seitz' Wahl, doch wurde dieser abgewiesen und Karl Seitz am 31. Januar 1901 im Parlamentsgebäude als Abgeordneter zum Reichsrat angelobt. Knapp zwei Jahre später sollte der Bürgermeister eine weitere Niederlage gegen Seitz hinnehmen müssen, als im November 1902 beide für einen Sitz im Niederösterreichischen Landtag kandidierten. Auch hier blieb Seitz siegreich, und so war er ab 19. Dezember 1902 nicht nur Reichsrats-, sondern auch Landtagsabgeordneter – zu diesem Zeitpunkt übrigens der einzige seiner Partei.

Zunächst war Karl Seitz entschlossen, trotz der gewaltig angewachsenen politischen Aufgaben seinem Lehrberuf weiter nachzugehen, doch ein heftiger Wortwechsel im Rahmen einer Bezirksschulratssitzung im März 1901 hatte seine Suspendierung zur Folge. Diese wurde zwar später aufgehoben, doch sah er sich in seiner Funktion zu einem Unterlehrer herabgestuft. Seitz legte gegen diesen Bescheid Rekurs ein, verfolgte ihn jedoch selbst nicht mit der erforderlichen Vehemenz, sodass seine Lehrertätigkeit de facto zum Erliegen kam. Rein rechtlich aber blieb er Lehrer und sollte als solcher 1922 formell in den Ruhestand versetzt werden, ohne zwischen 1901 und 1922 jemals wieder eine Stunde zu unterrichten.

Als Seitz sich dem Reigen der Abgeordneten zugesellte, war die Monarchie freilich schon reichlich morsch. Die Schaffung der fünften Kurie 1897 war eigentlich nur ein lauer Kompromiss zwischen jenen, die das Althergebrachte bewahren, und jenen, die den Staat auf ein modernes Fundament stellen wollten. Diese Lösung bescherte den Konservativen jedoch nur eine kurze Atempause, denn die Zahl jener Kräfte, die ein allgemeines, gleiches und direktes Wahlrecht für alle Bürger wollten, nahm beständig zu. Neben den Sozialdemokraten traten vor allem die slawischen Volksparteien – die Slowenische Volkspartei, die Jungtschechen, die polnischen Demokraten – für ein gerechteres Wahlsystem ein, da sie sich zu Recht eine Aufwertung ihrer Rolle im Parlament davon erwarteten. Und doch war es ein Ereignis von außen, dass letztlich den Anstoß zu einer weiteren Demokratisierung gab. Im Januar 1905 zogen russische Arbeiter vor das Palais des Zaren und baten um eine gerechtere Behandlung ihrer Anliegen. Der Zar sah sich bedroht und gab Schießbefehl. Dieses Massaker war der Auslöser der ersten Russischen Revolution, an deren Ende sich der Zar gezwungen sah, zahlreiche bürgerliche Freiheiten zu gewähren, darunter eine Duma, also ein Parlament. Und wenn schon im bekannt reaktionären Zarenreich die Sturmglocke der Revolution läutete, dann bestand, so befanden die verantwortlichen Politiker in Wien, auch für Österreich die reale Gefahr, dass sich die Menschen nahmen, was sie wollten, wenn man es ihnen nicht freiwillig gab.

Die Sozialdemokraten erkannten die Gunst der Stunde und intensivierten ihre Agitation für das allgemeine Wahlrecht, sodass der Kaiserhof und die Regierung schließlich einlenkten. Ministerpräsident Max Wladimir von Beck wollte eine Allparteienregierung formieren, um eine breite Basis für die erforderliche Wahlrechtsreform zu bekommen. Erstmals bekamen also auch die Sozialdemokraten das Angebot, einen kaiserlichen Minister zu stellen. Ihre Wahl fiel auf Karl Seitz, der sich rasch zu einem der zentralen Politiker der kleinen Fraktion entwickelt hatte. Dieser lehnte natürlich ab, denn unter den

Max Wladimir von Beck

Kaiser Franz Joseph I.

Die Jungtschechen behindern eine Sitzung des Reichsrats am 8. Juni 1900

gegebenen Bedingungen konnte es für seine Partei nur kompromittierend sein, einem kaiserlichen Kabinett anzugehören. Seine Ablehnung kam dem Kaiser zu Ohren, der den jungen Mandatar zur Audienz einbestellte – und ihn damit in die nächste unangenehme Situation brachte, denn ein solches Ansuchen des Staatsoberhaupts konnte man nicht einfach abschlägig beantworten. Seitz suchte nach einer Ausflucht und fand sie im steifen Hofzeremoniell: Besucher des Kaisers mussten sich an eine fixe Kleiderordnung halten. Öffentlich Bedienstete hatten in ihrer Uniform zu erscheinen, die Vertreter diverser Länder und Regionen in ihrer Landestracht, alle anderen im Frack. Seitz ließ den Hof wissen, er verfüge über keinen Frack, also könne er der Einladung leider nicht Folge leisten. Doch der Kaiser gab sich nicht geschlagen und erlaubte Seitz, auch ohne Frack zu erscheinen. Jetzt blieb diesem nichts anderes übrig, als in die Hofburg zu pilgern. Dabei stellte er sich die Frage, was der Kaiser überhaupt von ihm wolle. Die Antwort war erstaunlich einfach: Franz Joseph wollte den Mann kennenlernen, der das Angebot, Minister zu werden, ausgeschlagen hatte. Bis jetzt habe er es immer nur mit Leuten zu tun gehabt, die dies unbedingt werden mochten, erklärte der Monarch seinem Gast. Seitz entgegnete, es gezieme sich nicht für den Vertreter der Arbeiterschaft, zur „Exzellenz" zu werden (dies war in jenen Tagen die offizielle Anrede für einen Minister). Der Kaiser zeigte sich beeindruckt ob dieser offenen Antwort und bezeichnete Seitz später bei mehreren Gelegenheiten als einen „klugen Mann".

Beck konnte zwar seinen Plan zur Allparteienregierung nicht verwirklichen, die Wahlrechtsreform aber trieb er unbeirrt voran. Diese wurde Ende 1906 auch tatsächlich durchgeführt. 1907 kam erstmals das neue Wahlrecht zur Anwendung, und wenn es auch nach wie vor kein gerechtes war – Frauen waren überhaupt nicht wahlberechtigt, Männer erst ab 24, aber nur, wenn sie eine gewisse Aufenthaltsdauer an ein und demselben Ort nachweisen konnten –, so bedeutete es einen gewaltigen Fortschritt gegenüber dem alten System, in dem einige tausend Großgrundbesitzer mehr Abgeordnete gestellt hatten als rund vier Millionen „allgemeine Stimmbürger". Nun zählte jede Stimme gleich viel, und die Sozialdemokratie konnte sich darüber freuen, mit 87 Mandaten als stärkste Kraft aus den Wahlen hervorzugehen. Unter den neuen Vertretern im Hohen Haus war auch Otto Glöckel, der Seitz als schulpolitischer Sprecher seiner Fraktion nachfolgte. Seitz wiederum wurde Mitglied des Klubpräsidiums der Sozialdemokraten und zählte damit neben Parteichef Victor Adler, Klubchef Ignacy Daszyński und Engelbert Pernerstorfer, der zum Vizepräsidenten des Abgeordnetenhauses gewählt worden war, zur Spitze der roten Fraktion. Dabei kam ihm auch die Aufgabe zu, für einen nationalen Konsens unter den Mandataren zu sorgen, denn immerhin gehörten dem Klub nicht nur Deutschsprachige, sondern auch Tschechen, Polen, Italiener und Südslawen an.

Auch privat gab es für Seitz eine Veränderung. Er zog in die Schönbrunnerstraße, wo er auch noch als Staatsoberhaupt wohnen sollte. Erst 1919 kam es zu einem weiteren Umzug, da er die Dienstwohnung des kaiserlichen Ministerpräsidenten am Ballhausplatz zugewiesen bekam. Doch Seitz verbrachte ohnehin nicht viel Zeit zu Hause. Er ging ganz in der Politik auf und war mit Leib und Seele Parlamentarier. So zählte er auch zum gemischten

Ausschuss, dessen Aufgabe es war, die konkreten Regelungen des Ausgleichs zwischen Österreich und Ungarn regelmäßig zu evaluieren und über jene Aspekte zu beraten, die beide Reichshälften gemeinsam zu lösen hatten, was im Wesentlichen die Finanzpolitik betraf. Diese Delegationen waren traditionell ein Hort des Adels gewesen, und so rümpfte so manches ihrer alteingesessenen Mitglieder die Nase, als da plötzlich der proletarische Seitz im erlauchten Kreise auftauchte. Seitz musste sich seinerseits die Frage gefallen lassen, wie er sich denn in dieser Runde fühle. Er entgegnete kühl, er sei Demokrat und lasse sich daher zu jedem herab.

Seitz' Aufstieg schien unaufhaltsam, als sich 1910 gesundheitliche Beschwerden bei ihm einstellten. Immer wieder klagte er über Schmerzen in der Seite, was ihm vor allem bei seinen vielen Reden zu schaffen machte. Endlich fanden die Ärzte den Grund dafür. Die linke Niere versagte und musste entfernt werden. Victor Adler, selbst gesundheitlich nicht gerade auf der Höhe, unterbrach einen Kuraufenthalt, um bei der Operation im Januar 1911 persönlich dabei zu sein. Dem Chirurgen erklärte er dies mit den Worten, Seitz sei sein bestes Pferd im Stall.

Die Operation verlief reibungslos, und so war Seitz rechtzeitig wieder auf dem Damm, um den Wahlkampf für die Reichsratswahlen 1911, welche die letzten der alten Monarchie werden sollten, bestreiten zu können. Am 20. Juni wurde er in der Stichwahl in seinem Wahlkreis bestätigt. Wie schon in der vorangegangenen Periode gehörte er erneut dem Klubpräsidium an und war Budgetsprecher seiner Partei. Als solcher wurde er auch in den Staatsschulden-Kontrollausschuss entsandt, der bereits damals keine dankbare Aufgabe hatte.

Zerfall der Monarchie

Die Arbeit im Parlament verlief in jener Zeit generell nicht sonderlich freudvoll. Die einzelnen Nationen des Reiches drifteten immer weiter auseinander, lagen in permanentem Streit miteinander und sahen ihre individuellen Interessen nicht entsprechend gewahrt. Das Abgeordnetenhaus jener Jahre war gekennzeichnet durch endlose Filibusterreden (mit denen die Verabschiedung von Gesetzen verzögert oder verhindert werden sollte), Pultdeckelkonzerte (dabei trommelten die deutschnationalen Mandatare laut auf ihre Tische, um den jeweiligen Redner zu übertönen) und regelrechte Musikkonzerte (mit denen die tschechischen Abgeordneten wiederum den Lärm der Deutschnationalen beantworteten). Die Konflikte wurden umso energischer ausgetragen, je weniger das Parlament real zu sagen hatte, denn die kaiserlichen Ministerpräsidenten pflegten mangels ausreichender parlamentarischer Unterstützung per Notverordnungen zu regieren. Und selbst die Nebenrolle, die dem Hohen Haus geblieben war, wurde ihm genommen, als Österreich-Ungarn nach dem in Sarajevo auf den Thronfolger verübten Attentat Serbien den Krieg erklärte.

Für die Sozialdemokratie, zumal für einen Pazifisten wie Seitz, war diese Entwicklung eine Katastrophe. Jahrelang war man nicht müde geworden, für den Frieden und die Völkerverständigung in Europa einzutreten, und nun, im Sommer 1914, musste man zusehen, wie in London, Paris, Berlin, St. Petersburg und eben auch in Wien die Massen jubelnd auf die Straßen strömten, um ihren Armeen große Triumphe zu wünschen. Den österreichischen Sozialdemokraten blieb zwar erspart, diesen Kriegskurs im Parlament mit ihren Stimmen gutzuheißen, denn das Parlament war

Das ermordete Thronfolgerpaar nach dem Attentat
von Sarajevo am 28. Juni 1914

Jubelnde Menschenmassen zu Kriegsbeginn

33

auf unbestimmte Zeit suspendiert worden, doch es gab nicht wenige in ihren Reihen, die den Krieg begrüßten und sich mit einem Mal als engstirnige deutschnationale Reaktionäre entpuppten. Die Vertreter dieses „Hurra-Patriotismus" waren der Ansicht, die eigene Armee werde mit entschlossener Wucht gegen den Feind ziehen und diesen binnen kürzester Zeit in die Knie zwingen. „Zu Weihnachten sind wir wieder zu Hause", war im August 1914 der gängige Spruch der ins Feld ziehenden Soldaten, von denen wohl tatsächlich keiner annahm, dass er einem vierjährigen Gemetzel ungeahnten Ausmaßes entgegenging.

Die österreichische Armeeführung war davon überzeugt, dass der Waffengang gegen Serbien binnen weniger Tage zu ihren Gunsten entschieden sein werde. Die serbische Hauptstadt Belgrad befand sich in Schussweite der österreichischen Artillerie, und so schien es ein Leichtes, den kleinen Balkanstaat zu besiegen. Doch aus den Tagen wurden Wochen, aus den Wochen Monate … die Serben aber wurden keineswegs niedergerungen, sondern traten sogar zur Gegenoffensive an. Noch schlimmer erging es den Österreichern im Osten gegen die Russen, die weit in österreichisches Gebiet vorstießen. An beiden Fronten musste das Deutsche Reich seinem Verbündeten beistehen, um eine vorzeitige Niederlage Österreichs zu verhindern. Statt lorbeerbekränzten Siegern kamen Verwundete und Invalide an den Wiener Bahnhöfen an, und die Begeisterung schlug rasch in Verzweiflung um. Dies umso mehr, als der Krieg bald verdeutlichte, wie dünn die Versorgungslage in der Monarchie eigentlich war. Viele Güter des täglichen Bedarfs waren nach kurzer Zeit Mangelware und die Arbeiter in den Fabriken konnten mit ihrem kargen Lohn praktisch nichts mehr kaufen. Es machte sich immer mehr Unmut breit, doch vermochte diesen vorerst noch keine politische

Kraft für sich zu bündeln; die Sozialdemokraten hielten sich an den 1914 voreilig verkündeten Burgfrieden. Nur ein kleines Grüppchen entschlossener Internationalisten – unter ihnen die beiden russischen Revolutionäre Lenin und Trotzki – traf sich 1915 in der neutralen Schweiz und verfasste das „Zimmerwalder Manifest" zur Beendigung des Krieges. Eine ähnliche Initiative, an der auch Karl Seitz mitwirkte, gab es etwas später im gleichfalls neutralen Schweden – die Stockholmer Friedenskonferenz von 1917.

Die österreichische Regierung sah sich jedoch noch einem besonderen Problem gegenüber. Das Gros der Untertanen bestand aus Slawen, und denen war schwer zu vermitteln, warum sie sich für die Deutschen mit ihren slawischen Brüdern jenseits der Grenzen bekriegen sollten. Zunächst versuchte die Regierung noch, durch besonders hartes Durchgreifen – so wurden mehrere slawische Abgeordnete trotz parlamentarischer Immunität zu langjährigen Haft- und Kerkerstrafen verurteilt – abschreckende Wirkung zu erzielen, doch musste man schon bald erkennen, dass diese Politik die „Monarchie-Slawen" nur noch schneller in die gegnerischen Reihen trieb.

Im Oktober 1916 sorgte ausgerechnet Friedrich Adler, der Sohn des sozialdemokratischen Parteiführers Victor Adler, für ein Fanal. Er erschoss in einem Innenstadtrestaurant den kaiserlichen Ministerpräsidenten Karl Stürgkh. Noch ehe der Prozess gegen ihn beginnen konnte, starb der greise Kaiser Franz Joseph am 21. November 1916, nach 68 Jahren auf dem Thron. Der Nachfolger des Monarchen, Kaiser Karl I., begnadigte Friedrich Adler und entließ ihn schon 1918 aus der Haft.

Kaiser Karl suchte nun fieberhaft nach einem Ausweg aus der prekären Lage. Zunächst begnadigte er die inhaftierten Anführer der Tschechen, Polen, Slowenen, Russen und Ukrainer; dann kündigte er an, den Reichsrat, der seit dem Sommer 1914 nicht mehr getagt hatte, wieder einzuberufen. Dort wurde Seitz denn auch mehr als deutlich: „Wir werden aufzählen können die Millionen Leichen, die auf den Schlachtfeldern in Ostgalizien und in Polen, in den Masurischen Seen, in Frankreich und in Belgien aufgehäuft sind, wir werden zählen können die Millionen Witwen und Waisen, die Krüppel, die Siechen, die Bresthaften, man wird die zerstörten Städte und Dörfer schildern können, die zerstörten Industrien, die zerstörten Fluren und Kulturen, man wird die ganze körperliche, geistige, die moralische Verelendung der Völker schildern können, so wie sie aus diesem Stahlbad des Krieges hervorgehen, aber kein Wort wird heranreichen an die körperliche und geistige Not, die wir alle leiden, die die Kinder ihrer Jugend beraubt, die kräftige Männer zu Greisen und zu Siechen macht, und die Greise und Kranke grausam in den Tod treibt." Kein Schriftsteller, so Seitz, „und hätte er die Phantasie und das Wort eines Dante Alighieri, [wird] die Hölle schildern können, in der wir leben." Wie alle Sozialdemokraten plädierte Seitz für einen sofortigen Friedensschluss und unterstützte auch eine entsprechende Initiative, die sein schwedischer Parteifreund Hjalmar Branting in Stockholm gestartet hatte, doch die Regierung wollte davon nichts wissen. Sie glaubte nach wie vor an den Sieg.

Und in der Tat kam die politische Entwicklung der Donaumonarchie noch einmal entgegen. Es zeigte sich, dass Russland noch mehr ausgelaugt war als Österreich. Im Februar 1917 kam es zu Hungerrevolten, die sich rasch zu einer neuen Revolution auswuchsen. Am 28. Februar 1917 musste Zar Nikolaus II. abdanken, einen Tag später

Die unregelmäßige Versorgungslage und hohe Lebensmittelpreise
brachten den Krieg vor die Haustüre, Wien 1916

Kaiser Karl I., hier beim Besuch der Kriegsküche in Döbling, konnte
dem steigenden Unmut seiner Völker nichts entgegensetzen

verzichtete auch sein Bruder Michail auf den Thron, sodass Russland am 1. März de facto zur Republik wurde. Die neue Regierung – eine Koalition aus bürgerlichen Demokraten und liberalen Adeligen sowie einigen wenigen Sozialdemokraten – verkündete zwar, den Krieg fortsetzen zu wollen, doch blieb es an den Fronten vorerst ruhig, was den Österreichern nur recht sein konnte. Allerdings währte die Freude kurz, denn im April 1917 traten die USA an der Seite der Entente in den Krieg ein, womit die Mittelmächte endgültig in die Defensive gerieten. Zudem konnten immer mehr Österreicher dem Beispiel Russlands etwas abgewinnen, wo im November 1917 die Bolschewiki unter Lenin und Trotzki mit der dezidierten Forderung nach sofortigem, bedingungslosem Frieden an die Macht kamen.

Im Januar 1918 wurde in der Monarchie die tägliche Brotration noch einmal gekürzt – auf nunmehr 16,5 Dekagramm; Fleisch, Fett und Zucker gab es ohnehin nur noch vom Hörensagen –, doch oft erreichte nicht einmal die Mindestration die Menschen, da es vermehrt zu Transportschwierigkeiten kam. Darauf reagierten die Arbeiter der Daimler-Werke in Wiener Neustadt am 14. Januar 1918 mit einem Streik, dem sich binnen weniger Tage Millionen Arbeiter in Wien, Niederösterreich, Böhmen, Mähren und Ungarn anschlossen. Die Protestbewegung war die größte in der Geschichte der Donaumonarchie. Und sie war der Auftakt zum endgültigen Untergang des Habsburgerreiches.

Für die Partei der Sozialdemokraten bedeutete diese Entwicklung eine Belastungsprobe, denn nicht wenige Mitglieder traten dafür ein, den russischen Weg zu gehen. Seitz, der seit 1917 immer öfter Victor Adler vertreten musste, dessen Gesundheit angegriffen war, hatte

Deutschland als mahnendes Beispiel vor Augen, wo sich die SPD durch die Kriegsereignisse gespalten hatte, und so warnte er am Parteitag 1917 davor, die Einheit der Partei infrage zu stellen, denn nur diese garantiere den Erfolg der Bewegung. Zugleich setzte er sich als Obmann des Kriegswirtschaftlichen Ausschusses dafür ein, dass die ärgsten Auswirkungen des Krieges wenigstens teilweise abgefedert wurden. Dass er dies mit aller Konzilianz tat, lässt sich auch daraus schließen, dass er nach dem Tod Pernerstorfers im Januar 1918 unangefochten zum Vizepräsidenten des Abgeordnetenhauses gewählt wurde. Adler war kaum noch in der Lage, die Partei zu lenken, sodass diese Aufgabe mehr und mehr Seitz zufiel, der nun auch Personalentscheidungen traf, etwa Otto Bauer als Klubdirektor ins Parlament holte und Julius Deutsch ins Zentralsekretariat der Partei berief. Damit versuchte er, der Linken den Wind aus den Segeln zu nehmen, damit diese nicht – wie in Deutschland – eine eigene Partei gründete. Und tatsächlich blieb die im November 1918 ins Leben gerufene KPÖ eine Randerscheinung, der sich außer Josef Strasser aus Reichenberg kein nennenswerter Parteiführer anschloss.

Auch wenn die Mittelmächte durch das Ausscheiden Russlands aus dem Krieg im Frühjahr 1918 noch einmal einen Erfolg erzielen konnten, zeichnete sich spätestens im September 1918 ihre Niederlage ab. Zuerst mussten die Verbündeten in Südosteuropa kapitulieren, wenige Wochen später stand auch die Monarchie mit dem Rücken zur Wand. In Ljubljana und Zagreb wurden eigene Nationalausschüsse gegründet, die einen „Staat der Slowenen, Kroaten und Serben" ausriefen, der am 1. Dezember 1918 zum „Königreich der Serben, Kroaten und Slowenen" werden sollte; in Prag konstituierte sich die Republik

Karl Seitz als Mitglied des Dreierpräsidiums

Konstituierung der Provisorischen Nationalversammlung für Deutschösterreich
im Sitzungssaal des Niederösterreichischen Landtags, 21. Oktober 1918

Tschechoslowakei, an deren Spitze die Reichsratsabgeordneten Tomáš Garrigue Masaryk als Staatspräsident und Karel Kramář als Premier standen; in Krakau bildete sich eine polnische Regierung unter Ignacy Daszyński, dem Jędrzej Moraczewski als Ministerpräsident nachfolgte (beide waren Reichsratsabgeordnete); und auch die anderen Nationen strebten von Habsburg weg, schließlich sogar die Ungarn.

An der Spitze des Staates

Nun erkannten die deutschsprachigen Abgeordneten, dass sie die Initiative ergreifen mussten. Am 21. Oktober 1918 konstituierten sie sich im Sitzungssaal des Niederösterreichischen Landtages in der Herrengasse als Provisorische Nationalversammlung für Deutschösterreich. Das Gremium wählte ein Dreierpräsidium, dem auch Karl Seitz angehörte, und beschloss den Beitritt der deutschsprachigen Gebiete der Monarchie zum Deutschen Reich. Zudem wurde ein provisorischer Staatsrat unter der Leitung von Karl Renner, der als Staatskanzler fungieren sollte, gebildet, womit es in Wien zwei Regierungen gab: die neue „deutschösterreichische" und die alte kaiserliche, auf die freilich kaum noch jemand hörte. Kaiser Karl ernannte Universitätsprofessor Heinrich Lammasch Ende Oktober zu seinem Ministerpräsidenten (dessen Kabinett auch der spätere Obmann der Christlichsozialen, Ignaz Seipel, als Sozialminister angehörte), doch dem blieb nichts anderes mehr übrig, als zwei Wochen später zu demissionieren, ohne je seine Arbeit aufgenommen zu haben. Zu diesem Zeitpunkt waren in Wien die Weichen schon in Richtung

Otto Glöckel   Otto Bauer

Die österreichische Delegation berät im Wiener Außenamt vor der Abreise nach St. Germain. Karl Seitz (5. v. r., sitzend) zwischen Karl Renner und Otto Bauer

Republik gestellt. Zwar wehrte sich Kaiser Karl lange gegen seine Abdankung, doch verzichtete er schließlich am 11. November 1918 auf die Regierungsgeschäfte – am selben Tag übrigens, an dem Victor Adler starb. Tags darauf wurde vor dem Parlament die Republik ausgerufen, als deren provisorisches Oberhaupt der neue Vorsitzende der Sozialdemokraten, Karl Seitz, galt.

Endlich war die Stunde gekommen, in der die Sozialdemokratie viele ihrer Vorhaben umsetzen konnte. Die neue republikanische Regierung war gespickt mit politischen Schwergewichten der Partei, allen voran Seitz' alter Freund Otto Glöckel als Unterrichtsminister, Ferdinand Hanusch als Sozialminister, Otto Bauer als Außenminister und Julius Tandler als Verantwortlicher für das Gesundheitswesen. Binnen weniger Monate wurden der Acht-Stunden-Arbeitstag, der gesetzliche Mindesturlaub, die Sozial- und Krankenversicherung sowie das Pensionswesen eingeführt, womit es zu einer spürbaren Verbesserung der Lebensbedingungen der Menschen kam. Diese trugen den Reformen auch entsprechend Rechnung, denn bei den ersten wirklich völlig freien Wahlen in Österreich – endlich durften auch Frauen wählen – wurden die Sozialdemokraten am 16. Februar 1919 mit 40,8 Prozent und 72 Sitzen (ein weiterer entfiel auf die sozialdemokratische Partei der Wiener Tschechen, die 2,3 Prozent der Stimmen erhielten) stärkste Partei in der Konstituierenden Nationalversammlung. Folgerichtig blieb Karl Seitz Erster Parlamentspräsident und damit Staatsoberhaupt Österreichs.

Doch was war Österreich überhaupt? Schon im Oktober 1918 hatte die Provisorische Nationalversammlung den „Anschluss" der deutschsprachigen Gebiete der Monarchie an Deutschland postuliert. Dies deshalb, weil niemand glauben konnte, dass der kleine Rest, der nach dem Wegfall der vielen Kronländer übrig blieb, überlebensfähig sei. So blieben schon im „Hungerwinter" 1918/19 die böhmische Kohle und der ungarische Weizen aus. Dazu kamen aus allen Teilen der Monarchie Deutschsprachige nach Wien, da sie in den neu entstandenen Staaten keine Perspektive für sich sahen. All diese Menschen mussten untergebracht und versorgt werden, und das in einem Land, in dem es kaum eigene Industrie und nicht ausreichend Nahrungsressourcen gab, sondern nur „Berge, Täler und sehr viele Wiener", wie Bruno Kreisky in seinen Memoiren schrieb.

Zudem war Anfang 1919 ungewiss, wie Österreich bei den Friedensverhandlungen in Frankreich behandelt werden würde. Man hatte gehofft, Außenminister Adler könnte mit seiner internationalen Reputation das Schlimmste verhindern, doch der war nach nur elf Tagen im Amt verstorben, und seinem Nachfolger Otto Bauer gelang es nicht, die Alliierten davon zu überzeugen, dass das neue Österreich nicht für die Fehler des alten verantwortlich war. Dementsprechend hart fielen die Friedensbedingungen von St. Germain aus. Bauer wollte sich diesem, wie er es nannte, „Diktat" nicht beugen und trat noch 1919 von seinem Amt als Außenminister zurück. Und tatsächlich waren die Bedingungen, welche die Siegermächte an Österreich stellten, in jeder Hinsicht dramatisch. Nicht einmal die deutschsprachigen Gebiete würde man zur Gänze behalten können. So wurden etwa Südtirol Italien und die Sudetengebiete der neuen Tschechoslowakei zugeschlagen; Österreich war, wie es Frankreichs Premier Georges Clemenceau formulierte, „was übrig blieb". Karl Seitz wiederum blieb als Präsident nichts anderes übrig, als diesen ernüchternden Vertrag für Österreich zu unterzeichnen. Für

„Österreich", wohlgemerkt, denn den Namen „Deutschösterreich" hatten die Alliierten ebenso verboten wie einen Anschluss an Deutschland.

Noch während die österreichische Delegation in Frankreich um die Friedensbedingungen rang, machte sich Seitz zu Hause Gedanken über die zukünftige Ausgestaltung seines Amtes. Mit Staatsoberhäuptern hatte das Land nicht gerade gute Erfahrungen gemacht. Die Kaiser hatten lange genug geschaltet und gewaltet, wie es ihnen beliebt hatte, und daher war es nur naheliegend, dass das neue Amt nicht den Charakter eines Ersatzkaisers haben sollte. Karl Seitz schilderte später: „Als man über die Rechte des Präsidenten der Republik sprach, lehnte ich eine Reihe von Meinungen ab. Ich begründete, dass ein Staatspräsident für unser Land kein Präsident sein könnte mit jenen Vollmachten und Entscheidungsmöglichkeiten wie etwa in den USA, sondern nur ein Repräsentant der jeweiligen Regierung. So hat der Präsident nichts zu tun, als vom Parlament beschlossene Gesetze zu unterfertigen, höhere Beamte zu ernennen, Begnadigungen auszusprechen, lauter Fragen, in denen er nur über Antrag der jeweiligen Regierung handeln kann." Damit war es in der Tat zu einem Paradigmenwechsel in der österreichischen Politik gekommen, denn die Regierung war nun nicht mehr abhängig vom Staatsoberhaupt; vielmehr war das Staatsoberhaupt abhängig von der Regierung. Und diese hing wiederum vom Parlament ab, das – im Gegensatz zu heute – die Regierung wählte und einsetzte. Österreich war mithin in seine bislang demokratischste Phase eingetreten, und Karl Seitz war der oberste Repräsentant dieser Volksherrschaft.

Als solcher appellierte er nochmals – und erneut vergeblich – an die Alliierten, Österreich nicht für die Fehler des

„kaiserlichen Zwangsstaates" zu bestrafen. Auch der Sieger trage, so gab Seitz zu bedenken, ein Stück Verantwortung für die Geschichte: „Einmütig ist das Volk Deutschösterreichs der Ansicht: das, was uns hier geboten wird, ist kein Friede der Versöhnung, es ist ein Vernichtungsfriede. Dieser Friede bedeutet für uns nicht Erlösung aus den Qualen des Krieges, er bedeutet für uns nur ihre Verlängerung." Doch die Alliierten blieben unnachgiebig und der Vertrag von Saint-Germain trat am 16. Juli 1920 in Kraft.

Dieses Aktenstück war freilich nicht das einzige, das Seitz in seiner Präsidentschaft zu beurkunden hatte. Neben dem bereits erwähnten Reformwerk seiner Parteifreunde kam ihm auch zu, das Verbot des Führens von Adelstiteln zu unterfertigen. Ebenso passierte das Gesetz über den Landesverweis der Habsburger seinen Schreibtisch, mit dem verhindert werden sollte, dass die Habsburger in Österreich die Monarchie wieder auferstehen lassen. Mag dies heute auch absurd erscheinen, so lag es 1919 durchaus im Bereich des Möglichen: Schließlich versuchte der entthronte Kaiser Karl aus seinem Exil in der Schweiz zwei Mal, in Ungarn wieder an die Macht zu kommen, ehe er nach Madeira verbannt wurde, wo er 1922 starb. Die Wiener nahmen diese Anstrengungen übrigens mit dem ihnen eigenen Humor, indem sie nach der Melodie der alten Kaiserhymne sangen: „Gott beschütze, Gott erhalte unseren Renner, unseren Seitz, und erhalt, man kann nie wissen, auch den Kaiser in der Schweiz". Andererseits bestand 1919 auch die Möglichkeit, dass Österreich den Weg des Sozialismus beschritt. Die Russische Revolution etwa hatte im Frühjahr 1919 dazu geführt, dass sich in Bayern und Ungarn Räterepubliken bildeten. Österreich als Bindeglied zwischen diesen beiden Ländern hätte als starker sozialistischer Block in Mitteleuropa dienen können, doch die österreichischen Sozialdemokraten entschieden sich gegen solche Experimente und gingen nach den Wahlen zur Konstituierenden Nationalversammlung eine Koalition mit den Christlichsozialen ein. Seitz begründete diese Haltung am sozialdemokratischen Parteitag im November 1919, seinem ersten als Parteichef: „Eines war damals und ist auch heute sicher: Deutschösterreich wird im Sozialismus nicht vorangehen, denn dies können nur die reichen, die Rohstoff-Länder, die Länder der entwickelten Produktivkräfte." Die Revolution blieb also aus, doch glaubten die Sozialdemokraten, ihre Vorhaben auch in der neuen Republik weitgehend umsetzen zu können, und fühlten sich in dieser Ansicht durch die erfolgreichen Sozialreformen bestätigt. Auch die Arbeit an einer neuen Verfassung kam gut voran, wobei die Sozialdemokraten viele ihrer Konzepte in diesem Dokument verankern konnten.

Es war jedoch nicht zu übersehen, dass der revolutionäre Schwung, der die Christlichsozialen zu vielen Zugeständnissen veranlasst hatte, allmählich abflaute. Spätestens ab Anfang 1920 bekamen die Bürgerlichen wieder Oberwasser und legten sich zunehmend gegen die Vorhaben der sozialdemokratischen Regierungsmitglieder quer. Und tatsächlich musste die Sozialdemokratie tatenlos zusehen, wie die Konservativen durch die Hintertür einen Koalitionswechsel zu den Deutschnationalen vorbereiteten. Im Juli 1920 musste Renner seinen Posten als Kanzler räumen, ihm folgte der christlichsoziale Michael Mayr nach, der auch Politiker des „Dritten Lagers" in sein Kabinett holte. Seitz blieb als Präsident nichts anderes übrig, als diese Entwicklung hinzunehmen.

Immerhin gelang es noch, die Bundesverfassung, zu deren Zweck die Nationalversammlung ja eigentlich gewählt worden war, im Parlament zu beschließen, dann allerdings strebten alle Seiten Neuwahlen an, um das Volk nach einer neuen Ordnung der politischen Verhältnisse zu befragen. Am 17. Oktober 1920 stimmten 41,8 Prozent der Wähler für die Christlichsozialen (CSVP) und nur noch 36 Prozent für die Sozialdemokraten (SDAP). Auf die neu formierte Großdeutsche Volkspartei (GDVP) entfielen 17,3 Prozent der Stimmen; mit ihnen bildete der Christlichsoziale Michael Mayr eine Koalitionsregierung unter Ausschluss der Sozialdemokraten, die damit auf der Oppositionsbank Platz nehmen mussten. Der einzige sozialdemokratische Politiker, der noch ein hohes Bundesamt bekleidete, blieb damit Karl Seitz als Staatspräsident.

Gemäß der neuen Verfassung sollte der nunmehr „Bundespräsident" genannte Amtsträger von den Abgeordneten gewählt werden. Für diese Wahl stellte die Sozialdemokratie naturgemäß den Amtsinhaber Seitz auf, während die beiden anderen im Parlament vertretenen Parteien eigene Kandidaten vorschlugen. Erwartungsgemäß errang in vier Wahlgängen, die am 8. Dezember 1920 abgehalten wurden, keiner der drei Bewerber die erforderliche Mehrheit. In der Nacht führten die Vertreter der CSVP daher intensive Verhandlungen mit der GDVP. Schlussendlich einigten sich beide Seiten auf den parteilosen Gutsbesitzer Michael Hainisch, der denn auch am 9. Dezember bei der ersten Stimmabgabe gewählt wurde und Karl Seitz am 16. Dezember 1920 im Amt nachfolgte.

Seitz war zuvor bereits zum Zweiten Nationalratspräsidenten gewählt worden, da der Sozialdemokratie, dem Wahlergebnis entsprechend, der Posten des

Nationalratspräsidenten nicht mehr zustand. Zu diesem Zeitpunkt war Seitz 51 Jahre alt und schien den Höhepunkt seiner Laufbahn hinter sich zu haben.

Doch auch als Parlamentarier blieb für ihn genug zu tun. Die neue Regierung zeigte rasch, dass sie gewillt war, zahlreiche Reformen der Jahre 1918 bis 1920 zurückzunehmen; zudem versuchte sie, Parteigänger der Sozialdemokraten aus öffentlichen Stellungen zu entfernen, was Seitz in seinen Reden immer wieder zum Anlass nahm, am Vorgehen des Kabinetts heftige Kritik zu üben.

Mayr selbst blieb nicht lange im Amt. Bereits am 1. Juni 1921 wurde er durch den deutschnationalen Polizeipräsidenten von Wien, Johannes Schober, ersetzt, der sich jedoch gleichfalls nicht durchsetzen konnte, was zu einer bemerkenswerten Episode in der Geschichte der ersten Republik führte: Im Dezember 1921 unterzeichnete Schober auf Schloss Lány im heutigen Tschechien einen Vertrag mit dem tschechoslowakischen Staatspräsidenten Masaryk, wonach beide Seiten die bestehenden Grenzen zwischen Österreich und der ČSR als endgültig anerkannten. Für die Deutschnationalen in Wien war dies ein Verrat an den „deutschen Interessen", denn damit stimmte Österreich endgültig zu, dass die Sudetengebiete nicht zu Österreich kamen. Die GDVP ließ die Koalition platzen und Schober musste als Kanzler zurücktreten.

Bundespräsident Hainisch ernannte daraufhin am 26. Januar 1922 den bisherigen Vizekanzler Walter Breisky zum neuen Bundeskanzler. Doch während der sich über Nacht überlegte, wem er welches Ressort in seiner Regierung anvertrauen sollte, einigten sich Christlichsoziale und GDVP doch noch auf eine Fortsetzung der bisherigen Zusammenarbeit. Am nächsten Morgen, dem 27. Januar

Bundespräsident Michael Hainisch mit dem tschechoslowakischen
Präsidenten Tomáš Masaryk auf Schloss Lány, Dezember 1921

Ignaz Seipel, Prälat und österreichischer Bundeskanzler

1922, wurde Schober wieder zum Bundeskanzler ernannt, und Breisky, an dem diese Entwicklung schlicht vorbeigegangen war, ging als kürzest amtierender Bundeskanzler aller Zeiten in die Geschichte ein.

Dennoch hielt sich auch Schober nicht mehr lange im Kanzleramt, denn zu Beginn des Jahres 1922 setzte die Inflation im Gefolge der maroden Nachkriegswirtschaft voll ein. Da ihm GDVP und SDAP die Unterstützung bei der Bewilligung von Zusatzkrediten verweigerten, trat Schober im Mai 1922 erneut zurück. Diesmal folgte ihm die gewichtigste Persönlichkeit der CSVP als Bundeskanzler nach, nämlich der kirchliche Würdenträger Ignaz Seipel, der schon zu Kaisers Zeiten Minister gewesen war.

Seipel und Seitz stellten nun die beiden Antipoden dar, und so verwundert es nicht, dass Seitz den Kirchenfürsten besonders heftig bekämpfte. Seipel verkörperte alles, was einem aufgeklärten, modernen, internationalistisch denkenden und pazifistisch handelnden Intellektuellen zutiefst zuwider sein musste. So warf Seitz dem Prälaten vor, er betrachte die Welt aus dem Blinkwinkel von Dingskirchen. Und doch holte Seipel, der seit 1921 auch Obmann der CSVP war, einen enorm wichtigen politischen Etappensieg für die Regierung: Er reiste in die Schweiz, um dort die Alliierten davon zu überzeugen, dass Österreich nur dann überlebensfähig sei, wenn man ihm wirtschaftlich unter die Arme greife. Im Oktober 1922 gewährten Großbritannien, Frankreich, Italien und die Tschechoslowakei aufgrund der Genfer Protokolle dem finanzmaroden Österreich einen Kredit von 650 Millionen Goldkronen, um der Hyperinflation Herr zu werden. Damit konnte die Souveränität Österreichs gewahrt und gleichzeitig eine Gesundung seiner Finanzlage bewirkt werden, an deren

Ende die Einführung einer neuen Währung, des Schilling, stand. Die Sozialdemokraten lehnten dieses Abkommen ab, da sich Österreich in ihren Augen dadurch vollends in die Hände ausländischer Kapitalgeber begab, doch die Regierungsmehrheit akzeptierte den Vertrag, womit sich Bundeskanzler Seipel politisch durchgesetzt hatte.

Auf Bundesebene hatten die Sozialdemokraten also wenig zu lachen, auf kommunaler Ebene hingegen verbuchten sie jeden Tag neue Erfolge. So wurde unter Jakob Reumann, der im Mai 1919 Bürgermeister von Wien geworden war, ein Aufbauwerk umgesetzt, wie man es noch nirgends gesehen hatte. Reumanns Finanzstadtrat Hugo Breitner betrieb ein konsequentes Umverteilungsprogramm, mit dem es der Stadtverwaltung möglich war, eine Politik im Interesse der arbeitenden Schichten zu betreiben. Um diese Finanzpolitik jedoch auf ein sicheres Fundament zu stellen, war es erforderlich, dass Wien – bislang „nur" Gemeinde – auch die entsprechende Finanzhoheit erhielt. Das wiederum war nur möglich, indem man Wien den Status eines Bundeslandes verlieh.

An dieser Stelle trafen sich nun die Interessen der Sozialdemokraten und der Christlichsozialen. Letztere hatten nämlich im Gefolge der niederösterreichischen Landtagswahl 1919 ihr Kernland an die SDAP verloren, die mit Albert Sever nun den Landeshauptmann stellte. Würde allerdings Wien aus Niederösterreich herausgelöst, so hätten die Christlichsozialen im „Land unter der Enns" wieder die Mehrheit, sodass sie dem Begehren der Sozialdemokraten, in deren Verhandlungsteam natürlich auch Karl Seitz saß, nachgaben. Mit Wirkung vom 1. Januar 1922 avancierte Bürgermeister Jakob Reumann auch zum Landeshauptmann und Wien war in der Lage, eigene Steuergesetze zu erlassen, mit denen es sein Wohnbau-, Gesundheits-, Sozial- und Bildungsprogramm umsetzen konnte. Ein Jahr später allerdings stand Reumann im 70. Lebensjahr und ließ erkennen, dass er nicht mehr eine volle Wahlperiode lang an der Spitze des Landes würde stehen können. Die Überlegungen, wer an seiner statt das Aufbauwerk fortsetzen sollte, währten nur kurz: Der Parteiobmann selbst stellte sich der Aufgabe und übernahm bei den Landtags- und Gemeinderatswahlen des Jahres 1923 die Führungsrolle.

Bürgermeister von Wien

Zwei Monate zuvor hatte seine Partei Karl Seitz als Spitzenkandidaten für die Wiener Landtagswahlen am 21. Oktober aufgestellt, bei denen die Sozialdemokratie 55,5 Prozent der Stimmen und damit ein leichtes Plus gegenüber 1919 erzielt hatte. Damit hatte Seitz neben seinem Mandat im Nationalrat auch einen Sitz in einer weiteren parlamentarischen Kammer, dem Wiener Landtag, inne, nachdem er bereits von 1902 bis 1921 Abgeordneter zum Niederösterreichischen Landtag gewesen war. Am 13. November 1923 wurde er vom Gemeinderat zum Bürgermeister von Wien gewählt. In seiner Antrittsrede gedachte er des Wirkens seines Vorgängers: „Was Reumann dieser Art für uns und unsere Stadt geleistet hat, das könnte unter anderen Umständen das Lebenswerk eines Mannes sein. Die Liebe und Verehrung, die wir ihm alle zollen, vereinigen sich heute mit dem Gefühle inniger Dankbarkeit." Seitz nutzte diese Rede auch für eine Bilanz von knapp fünf Jahren sozialdemokratischer Stadtverwaltung: „Wenn man nicht selten die Ansicht vertreten hört, daß Wiens Größe begründet war in seiner Eigenschaft als Sitz eines kaiserlichen Hofes und einer Zentralstelle der Behörden und der Militärgewalt eines großen Staates, so hat die Entwicklung der letzten fünf Jahre gezeigt, daß Wien auch aus eigener Kraft bestehen kann, daß es wirtschaftlich bestehen kann durch seine große, leistungsfähige Industrie, durch das rege und feine Gewerbe, durch seinen blühenden Handel. In jahrhundertelanger Entwicklung ist Wien das geworden, was es heute ist und immer bleiben soll: das Verbindungstor des Westens Europas zum Osten. Unsere Stadt wird aber nicht nur bestehen als ein Wirtschaftszentrum, sondern auch als eine der ersten und ehrwürdigsten Stätten europäischer Kultur und Zivilisation."

Von den Sozialdemokraten wurde Seitz' Wahl naturgemäß begrüßt, doch auch das gemäßigte Bürgertum reagierte positiv. Die bürgerlich-liberale Zeitung „Der Abend" würdigte vor allem Seitz' „feinste Umgangsformen", und „Die Stunde" attestierte ihm, schon „während der Flitterwochen der Revolution den Parteirock ausgezogen" zu haben. Für die Heimwehren blieb Seitz gleichwohl ein rotes Tuch: „Dieser Seitz ist wohl einer der widerlichsten Proletarierführer, die in Österreich aufzutreiben sind. Dieser kleine, gemaßregelte Volksschullehrer, dieser geradezu widerliche, arrogante, schon in seiner äußeren Erscheinung direkt provozierend wirkende Seitz als Nachfolger Dr. Luegers müsste für das Bürgertum Wiens ein geradezu unerträglicher Gedanke sein." Die Deutschnationalen stießen sich an Seitz' „anmaßender und eingebildeter Art", während er für die Nazis, die damals freilich noch keine bedeutende Rolle spielten, nichts als das „unbeschnittene Aushängeschild einer von Juden kontrollierten Sozialdemokratie" war.

Bürgermeister Karl Seitz

Seitz ließ sich durch solche Untergriffe nicht beirren. Er war entschlossen, Reumanns Werk zu vollenden, wobei er das Glück hatte, auf dessen Team profilierter Stadträte und Funktionäre, darunter Tandler, Breitner und Glöckel, zurückgreifen zu können, die im Amt blieben.

Unter Seitz setzte die Stadtverwaltung den Kurs, den Reumann eingeschlagen hatte, konsequent fort. Der kommunale Wohnbau stand dabei ebenso weiter im Mittelpunkt wie gesundheitspolitische Reformen: Die Errichtung von Kinderspitälern, Tagesstätten, Freiluftbädern und sozialen Betreuungseinrichtungen wurde mit größtem Engagement vorangetrieben; vor allem im Sozial- und im Bildungsbereich konnte ein Erfolg nach dem anderen erzielt werden – eine Entwicklung, die bis heute mit den Namen Tandler und Glöckel verbunden ist. Die Fülle an getroffenen Maßnahmen und geschaffenen Einrichtungen reicht von Mutterberatungs- und Kinderübernahmestellen, Horten, Spielplätzen, Wäschepaketen und der Einführung der Vorsorgemedizin bis hin zu kreativen Lernmethoden, Gruppenunterricht und einer breiten Volksbildung durch die damals weltweit vorbildlichen Volkshochschulen. Um all die Reformen finanzieren zu können, setzte man auf die Wohnbausteuer und die Besteuerung von Luxusgütern: Reiche mussten für ihren Champagner ebenso eine Sonderabgabe leisten wie für ihre Hausangestellten, Rennpferde und Amüsiertempel, und so finanzierten die Reichen mit ihrem Lebenswandel die Emanzipation der Ärmsten Wiens mit.

Seitz spielte bei all dem in erster Linie die Rolle des Koordinators. Er setzte selbst keine inhaltlichen Akzente, sondern blieb, wie schon als Staatspräsident, gleichsam der Notar des Aufbauwerks, und dies beinahe rund um die Uhr: Gleich nach seiner Kür zum Bürgermeister war er vom Ballhausplatz ins Wiener Rathaus übersiedelt, wo er nun bis spät in die Nacht über Akten gebeugt saß, da er untertags zumeist mit Sitzungen und dem Empfangen von Delegationen, mit Parteiangelegenheiten und Repräsentationspflichten beschäftigt war. Abends kam der Amtsdiener und hinterlegte mehrere Aktentaschen, die mit Dokumenten gefüllt waren. In ebendiesen Taschen konnten die Schriftstücke am nächsten Morgen – unterfertigt – wieder abgeholt werden. Seitz saß so lange über den Papieren, bis wirklich alles erledigt war. Zu diesem Zweck stellte er beim Heimkommen mehrere Espressokannen auf den Herd, alle befüllt, die er der Reihe nach über die Flamme stellte, um immer mit frischem Kaffee versorgt zu sein. In der Regel blieb er bis 3 Uhr morgens wach – und ließ sich schon kurz vor 8 Uhr wieder wecken, um ein neues Tagewerk zu beginnen. Dabei war er übrigens mehr und mehr auf sich allein gestellt, denn seine Frau begann ab Mitte der 20er-Jahre zu kränkeln und begab sich oft für Wochen auf Kur, um ihre angegriffene Gesundheit halbwegs wiederherzustellen. Auch wenn er darob stets in Sorge um sie war und ihr lange Briefe an den jeweiligen Kurort schrieb, vernachlässigte er die Arbeit zu keiner Zeit, denn seine Maxime lautete: „Der Bürger will als Mensch und nicht als Akt behandelt werden", und daher war es immer wieder nötig, sich mit dem Hintergrund einer schriftlichen Darlegung vertraut zu machen. Dementsprechend präsent war Seitz in den Straßen Wiens, wobei er wegen seines aristokratischen Auftretens – wie zuvor Lueger – alsbald den Spitznamen „der schöne Karl" verliehen bekam.

Im April 1927 wurde der nun 57-jährige Seitz denn auch eindrucksvoll in seinem Amt bestätigt. Knapp 61 Prozent der Wähler gaben der Sozialdemokratie ihre Stimme, die auch in der Schul- und Bildungspolitik, welche Seitz als ehemaligem Lehrer besonderes am Herzen lag, neue Akzente setzte. Das Kongreßbad, das Gänsehäufel, die Sport- und Freizeiteinrichtungen auf der Hohen Warte und schließlich das neue Wiener Stadion (bei dessen Eröffnung kurioserweise vier Staatsoberhäupter auf der Ehrentribüne nebeneinander Platz nahmen, nämlich neben Karl Seitz und dem damals amtierenden Bundespräsidenten Wilhelm Miklas auch dessen Vorgänger Michael Hainisch, sowie Karl Renner, der 1945 Bundespräsident werden sollte) zählten zu den herausragenden Projekten der zweiten Amtsperiode von Bürgermeister Karl Seitz, der aber als Parteiobmann auch weiterhin im Parlament seine Stimme erhob.

Die Welt hatte sich in diesen acht Jahren grundlegend gewandelt. War zwischen 1918 und 1921 eine klar revolutionäre Stimmung vorherrschend gewesen, so marschierten die Staaten, wenn auch mit unterschiedlichem Tempo und unterschiedlicher Intensität, seitdem nach rechts. Den Anfang hatte Italien gemacht, wo der ehemalige sozialistische Funktionär Benito Mussolini 1919 eine rechte Kampfgruppe gegründet und diese Fasci Italiani di Combattimento („Italienische Kampfbünde") getauft hatte. In Anlehnung an das italienische Wort für „Bund" (oder „Bündel") wurde die neue Bewegung bald „Fascismo" gerufen, und ebendiese Faschisten gelangten in Italien Ende 1922 an die Macht. In Ungarn regierten schon seit der Niederschlagung der Räterepublik politische Gruppen, die den Faschisten in nichts nachstanden, und auch in anderen europäischen

Altbundespräsident Michael Hainisch, Karl Renner,
Bürgermeister Karl Seitz und Bundespräsident Wilhelm Miklas
(v.r.) bei der Eröffnung des Wiener Stadions, 1931

Reumannhof, um 1928

Staaten – im Baltikum, in Polen und am Balkan – wurde die Demokratie, so sie dort je existiert hatte, abgeschafft und durch Diktaturen ersetzt.

Auch in Österreich witterten extrem rechte Kräfte Morgenluft, und Seitz' alter Widersacher Ignaz Seipel dachte öffentlich darüber nach, wie der „revolutionäre Schutt" (damit meinte er das soziale Reformwerk mit den Grundrechten auf Urlaub, Krankenstand und Pensionsberechtigung) beseitigt werden könne. Die Sozialdemokraten reagierten auf diese Entwicklungen beim Linzer Parteitag 1926 mit einem neuen Programm, in dem sie erklärten, die Errungenschaften des Proletariats notfalls auch mit der Waffe in der Hand gegen die Reaktionären verteidigen zu wollen.

Dies war umso angebrachter, als sich die politische Lage 1927 neuerlich verschärfte. Zu Jahresbeginn hatten faschistische Aktivisten im burgenländischen Schattendorf auf die Teilnehmer einer Arbeiterversammlung geschossen und dabei einen Kriegsinvaliden und ein Kind ermordet. Gegen jede Logik sprach das Gericht die Mörder frei. Dieser Freispruch für die Angeklagten im sogenannten Schattendorfer Prozess führte zu einer spontanen Protestwelle in der Arbeiterschaft, die im Justizpalastbrand gipfelte. Als die Menge sich anschickte, den Palast, den sie als Symbol für dieses Unrechtsurteil ansah, zu stürmen, versuchte Bürgermeister Seitz, die Gemüter zu beruhigen, doch konnte er nicht verhindern, dass der Palast in Flammen aufging und Polizeipräsident Schober Schießbefehl erteilte. 89 Arbeiter fanden daraufhin den Tod, an die 1.000 wurden verletzt. Das politische Klima im Lande war endgültig vergiftet. Das zeigte sich auch daran, dass es wieder vermehrt zu Attentaten kam.

Bereits im März 1925 war der populäre linke Schriftsteller Hugo Bettauer von einem Nationalsozialisten erschossen worden, zwei Monate später hatten Nazis den Mödlinger Gemeinderat Leopold Müller umgebracht, und am 26. November 1927 wurde auch auf Seitz ein Attentat verübt. Er hatte eben den „Schneepalast" eröffnet und war in sein Auto gestiegen, als ein Mann aus der Menge einen Revolver zog und mehrere Male auf den Wagen schoss. Seitz warf sich geistesgegenwärtig zu Boden und blieb unverletzt. Aber die Tat war ein Spiegelbild der politischen Lage im Land, und auch Seitz musste bewusst sein, wie sehr sich die sozialdemokratische Bewegung bereits in der Defensive befand.

War die Sozialdemokratie in der Republik auch vollkommen an den Rand gedrängt, in Wien bemühte sie sich umso stärker, ihre Ziele zu erreichen. Man baute das Lainzer Spital aus, elektrifizierte die Stadtbahn und gestaltete den Wald- und Wiesengürtel aus. Selbst dem christlichsozialen Oppositionsführer Leopold Kunschak blieb nichts anderes übrig, als die Leistungen der Stadtverwaltung anzuerkennen. 1929 fand ein internationales Jugendtreffen in Wien statt, 1931 war Wien Gastgeber der sogenannten Arbeiterolympiade – Ereignisse, welche die Bedeutung der Stadt als weltweites Vorbild für soziale Kommunalpolitik unterstrichen. Aus aller Herren Länder kamen Politiker nach Wien, um das hier Gebotene zu studieren und sich daran ein Beispiel zu nehmen. Das „Rote Wien" hatte seinen Zenit erreicht.

Doch im Verlauf des Jahres 1930 wurden auch in Wien die Folgen der Weltwirtschaftskrise spürbar. Von den anderen Bundesländern angefeindet, vom Bund finanziell ausgehungert, stand Wien nach und nach mit dem Rücken zur Wand. Dennoch wurde Seitz bei den Wahlen im

Bürgermeister Seitz (im Hintergrund stehend) versucht die Demonstranten
auf der Wiener Ringstraße zu beruhigen, 15. Juli 1927

Begräbnis für die Opfer von Schattendorf

April 1932 mit 59 Prozent nochmals klar bestätigt. Das Aufbauwerk, so der Wille der Stadtregierung, sollte trotz der widrigen Umstände fortgeführt werden. Unbeirrt und fest entschlossen arbeitete Seitz am Reformwerk weiter. Da er auch Mitglied des Nationalrates, Fraktionschef und Obmann der Partei war, kam er vor lauter Sitzungen und Besprechungen den ganzen Tag nicht zur Ruhe. Abends gab es noch Versammlungen und er hielt Referate in Sektionen, sodass er die Amtsakten auch weiterhin nur nachts bearbeiten konnte.

1929 war Karl Seitz zum Ehrenbürger der Stadt Wien ernannt worden. Doch er blieb bescheiden und stellte klar, er sei nicht der „Schöpfer des neuen Wien". An diesem „neuen Wien" hätten viele Männer mitgearbeitet. Er habe eigentlich nur die Ideen auf ihre Umsetzbarkeit geprüft und für die Durchführung gesorgt. Den Wienern war letztlich egal, wer genau nun „Schöpfer" des neuen Wien war. Sie wussten, dass die Sozialdemokratische Partei dafür verantwortlich zeichnete, wie die letzten freien Wahlen im April 1932 bewiesen. Diese Wahlen brachten aber erstmals auch die NSDAP in den Gemeinderat, die davon profitierte, dass die rechte Regierung keinerlei Fortschritte vorzuweisen hatte. Die Christlichsozialen und Deutschnationalen reagierten völlig kopflos auf die Wirtschaftskrise, die sich damit auch zu einer politischen Krise auswuchs. Im Bundeskanzleramt wechselten sich seit Seipels Ausscheiden aus der Politik die Amtsträger in immer schnellerer Folge ab – manche blieben kaum ein paar Monate –, und die beiden Parteien bekamen für dieses Trauerspiel in jedem neuen Wahlgang die Quittung präsentiert. Die Deutschnationalen zerfielen regelrecht, und auch die Christlichsozialen verloren mehr und mehr an Zuspruch. Ihre Reaktion bestand schließlich darin, ebenfalls nach rechts zu schwenken und den Boden der Demokratie zu verlassen. Schon 1930 hatten viele aus den Reihen der Konservativen den „Korneuburger Eid" geschworen, in dem sie die Demokratie und ihre Organe verwarfen und einem faschistischen Ständestaat das Wort redeten.

Im Mai 1932 nahm nun ein Mann den Posten des Bundeskanzlers ein, der diese Ziele auch konkret umzusetzen gedachte. Engelbert Dollfuß war wild entschlossen, sich nicht abwählen zu lassen (seine Regierung hatte im Parlament lediglich eine Mehrheit von einer Stimme). Er wartete nur auf den passenden Augenblick, und der kam im März 1933 anlässlich der Debatte über einen Eisenbahnerstreik, zu dem es kurz zuvor gekommen war – ein Streik mit einer skurrilen, wenngleich typisch österreichischen Vorgeschichte.

Ende 1932 hatte der italienische Diktator Mussolini seinen ungarischen Gesinnungsfreunden eine beachtliche Lieferung an Waffen zukommen lassen wollen, die durch österreichisches Gebiet gehen musste. Die Leitung der Operation hatte der Chef der österreichischen Heimwehr, Ernst Rüdiger Starhemberg, übernommen. Die Eisenbahner sollten mittels Bestechung dazu gebracht werden, die Sache während der Weihnachtsfeiertage still und heimlich über die Bühne zu bringen, doch sie weigerten sich. Deswegen beschloss die Bahndirektion Sanktionen, die von den Eisenbahnern wiederum mit einem Streik beantwortet wurden. Für Dollfuß war dies ein willkommener Anlass, ein Exempel zu statuieren. Die Anführer des Streiks sollten verurteilt werden.

Die Regierung fand für ihr Anliegen keine Mehrheit, doch stellte sich bei der Nachkontrolle heraus, dass ein sozialdemokratischer Abgeordneter zwei Stimmzettel abgegeben hatte, während der eines anderen SP-Mandatars fehlte. Letzterer war zwar anwesend, hatte aber offenbar einen falschen Stimmzettel abgegeben. Die Christlichsozialen forderten daraufhin, die Abstimmung für ungültig zu erklären. Um ganz sicher zu gehen, dass man das Votum auch im zweiten Anlauf durchbringen würde, legte Nationalratspräsident Renner sein Amt zurück und konnte nun mit seiner Fraktion stimmen (der Präsident enthielt sich in jenen Tagen der Stimmabgabe). Auf diese Weise verschaffte er den Sozialdemokraten einen Vorteil von zwei Stimmen, denn nun übernahm der zweite Präsident, der christlichsoziale Rudolf Ramek, den Vorsitz und konnte seinerseits keine Stimme abgeben. Dieser durchschaute die Taktik der Sozialdemokraten und trat ebenfalls zurück. Als nun auch der dritte Präsident, Sepp Straffner, sein Amt niederlegte, war die Stunde von Engelbert Dollfuß gekommen. Unter Berufung auf das Kriegswirtschaftliche Ermächtigungsgesetz aus dem Jahr 1917, das bizarrerweise nie außer Kraft gesetzt worden war, löste Dollfuß den Nationalrat de facto auf, um die Abgeordneten wenige Tage später unter Aufbietung von Waffengewalt daran zu hindern, das Haus wieder zu betreten. Die austrofaschistische Zeit nahm ihren Anfang.

Das Ende der Demokratie

Die Sozialdemokratie war auf diese Entwicklung in keiner Weise vorbereitet gewesen. Noch am 4. März hatte sie mit Neuwahlen gerechnet oder wenigstens damit, dass man gemeinsam mit dem Verfassungsdienst des

Bundeskanzleramts und der Parlamentsdirektion eine gütliche Lösung der Krise finden würde, doch die Entschlossenheit ihrer Gegner, nach dem Vorbild Ungarns, Italiens, Polens, Deutschlands und Jugoslawiens eine Diktatur zu errichten, ließ solches Hoffen töricht erscheinen. Als schließlich Straffner seinen Rücktritt widerrief und für den 15. März die Fortsetzung der parlamentarischen Arbeit in Aussicht stellte, wurde das Parlament kurzerhand von der Polizei besetzt, um eine Sitzung zu verunmöglichen. Die Argumentation der Regierung entbehrte dabei jeglicher Logik, denn wenn ein Präsident wegen seines Rücktritts eine Sitzung nicht wieder aufnehmen konnte, dann konnte er sie logischerweise zuvor auch nicht beendet haben, die Sitzung vom 4. März wäre somit lediglich unterbrochen gewesen. Doch Logik spielte längst keine Rolle mehr. Dollfuß wusste, dass er unter demokratischen Bedingungen schlicht abgewählt worden wäre, und klammerte sich daher mit Gewalt an die Macht.

Die Sozialdemokratie wollte sich wehren – Seitz etwa wies darauf hin, dass eine derartige Vorgangsweise selbst zur Kaiserzeit undenkbar gewesen wäre –, doch angesichts von 400.000 Arbeitslosen und 200.000 „Ausgesteuerten", die nicht einmal mehr Stempelgeld erhielten, befand sich die Sozialdemokratie von Anfang an in einer überaus schwierigen Lage. Noch dazu hatte sie nun auch den Nationalrat nicht mehr als Tribüne zur Verfügung.

Auch Seitz war nun auf das Rathaus als einzige politische Arena angewiesen. Dort verrohten die Sitten nicht minder als auf der Straße. Als Seitz etwa den Anführer der Nationalsozialisten aufforderte, zur Sache zu sprechen, meinte dieser nur: „Kusch, Jud!" Doch Seitz pflegte auf derlei Anfeindungen und Despektierlichkeiten schlagfertig zu reagieren. Als sich ein Nazi in spöttischer Absicht darüber mokierte, Seitz sei der bestgekleidete Mann von Wien, antwortete dieser, der Zwischenrufer habe sich nun bei seiner eigenen Partei unbeliebt gemacht, denn sein Schneider sei Jude, und da sei es doch sehr verdächtig, dass ein Nazi für ihn Werbung mache.

Größere Gefahr drohte der Sozialdemokratie aber von Dollfuß. Am 31. März 1933 ließ die Regierung den Republikanischen Schutzbund, eine Vorfeldorganisation der Sozialdemokraten, verbieten. Bürgermeister Seitz reagierte mit einem Verbot der Heimwehr auf dem Gebiet des Bundeslandes Wien – ein Verbot, das freilich vom Innenministerium umgehend aufgehoben wurde. Wenige Wochen später untersagte Dollfuß der Arbeiterbewegung auch ihre traditionelle Maifeier, die seit 1890 stets stattgefunden hatte.

Erneut konnte die Sozialdemokratie nur reagieren. Zu demonstrieren, so argumentierte sie defensiv, sei zwar untersagt worden, das Spazierengehen aber könne man nicht verbieten, sodass die Wiener Arbeiterschaft am 1. Mai wie üblich am Ring promenieren werde. Obwohl die Polizei am 1. Mai 1933 dann tatsächlich nicht eingriff, war an jenem Tag doch für alle Beteiligten klar erkennbar, wie stark die Arbeiterbewegung in ihrem Handlungsspielraum bereits eingeschränkt war.

Im September 1933 ging Dollfuß in einer Rede am Wiener Trabrennplatz noch einen Schritt weiter: Man müsse die Fehler der letzten 150 Jahre gutmachen, polterte er. Er wolle „jene Zeit, in der der Arbeiter gegen seinen Herren nicht aufstand und nicht organisiert war" zurück. Der Parteitag der Sozialdemokraten, bei dem Seitz abermals zum Obmann gewählt wurde, fand in entsprechend gedrückter Stimmung statt.

Die Christlichsozialen wollten eine endgültige Entscheidung über die künftigen Verhältnisse im Land erzwingen. Dabei wäre es ihnen freilich recht gewesen, wenn sie die Arbeiterbewegung zu einem „Erstschlag" hätten provozieren können. Die „Arbeiter-Zeitung" wurde unter Vorzensur gestellt, ihr Vertrieb behördlich behindert, ihre Funktionäre wurden schikaniert ... kurz, man ließ nichts unversucht, um die Sozialdemokraten zu einer Reaktion zu zwingen. Doch noch bewahrten diese kühlen Kopf. So meinte Heimwehrführer und Vizekanzler Emil Fey am 11. Februar 1934 in Richtung der Sozialdemokraten: „Wir werden morgen an die Arbeit gehen, und wir werden ganze Arbeit leisten [...]."

In der Tat wurde tags darauf das Linzer Parteiheim der Sozialdemokraten im Hotel Schiff gestürmt. Die Funktionäre um Richard Bernaschek leisteten erbitterten Widerstand. Dies war nun endlich das Zeichen zum bundesweiten Kampf gegen das Dollfuß-Regime. Die Schutzbündler in Ober- und Niederösterreich, in der Steiermark und in Wien begaben sich zu den vereinbarten Treffpunkten, wo aber oftmals Ratlosigkeit aufkam, da die Regierung vorsorglich schon in den Tagen zuvor die führenden Funktionäre des Schutzbundes hatte verhaften lassen. Auch der geplante Generalstreik wurde nur teilweise umgesetzt. Die Eisenbahnen etwa fuhren weiter. Und der Westen Österreichs blieb überhaupt gespenstisch ruhig.

In Wien aber spitzte sich die Lage dramatisch zu. Jahre später sollte sich Bruno Kreisky erinnern: „Am 12. Februar 1934 saß ich zu Hause über meinen Büchern, um mich auf Prüfungen vorzubereiten, als plötzlich das Licht ausging. Da hatte ich gleich das Gefühl, daß etwas los sei. Ich bin hinunter zum ‚Vorwärts', dem Hauptquartier der Partei

Bundesheersoldaten vor dem Wiener Rathaus, 1933

Engelbert Dollfuß auf dem Wiener Trabrennplatz, 11. September 1933

auf der Rechten Wienzeile, und sah, wie dort die großen Tore des Parteihauses – ein Glanzstück aus der Jugendstilzeit – geschlossen wurden. Die Leute gingen einfach weg. Ich hatte immer angenommen, daß beim Ausbruch eines Konfliktes das erste Angriffsziel der Austrofaschisten natürlich das ‚Vorwärts'-Gebäude sein werde und daß man deshalb Vorkehrungen getroffen habe, dieses Gebäude, das in einem Außenbezirk lag, wenigstens symbolisch zu verteidigen. Das Hauptquartier der Partei preiszugeben, war der erste schwere Fehler. Der zweite – noch größere – war, daß man stattdessen aus den Wohnhäusern der Arbeiter in den berühmten Gemeindebauten zu schießen begann. Es sprach gegen jede Vernunft, den Kampf dorthin zu verlegen, wo Frauen und Kinder waren."

Während in Margareten, Favoriten, Ottakring und anderen Bezirken die Verteidigung gegen das austrofaschistische Regime organisiert wurde, saß Bürgermeister Seitz in seinem Amtszimmer im Rathaus und harrte der kommenden Ereignisse. Noch am selben Tag verschafften sich ein Polizeioffizier und vier weitere Beamte Zutritt zu den Amtsräumen, in denen sich weiters die Stadträte Weber, Speiser und Honay sowie der pensionierte Stadtrat Breitner aufhielten. Der Polizeioffizier, sichtlich nervös, erklärte mit sich überschlagender Stimme alle fünf für verhaftet. Ruhig entgegnete ihm Seitz, als Abgeordneter zum Nationalrat und Wiener Landtag könne er nur mit Zustimmung dieser Körperschaften verhaftet werden. Als Landeshauptmann habe er überdies die Befehlsgewalt über die Wiener Polizei, sodass das Ansinnen des Polizeioffiziers als gegenstandslos betrachtet werden könne. Der Offizier war verwirrt, berief sich auf eine Weisung des Polizeipräsidenten. Seitz ließ sich mit dem Polizeipräsidenten verbinden. Der wusch seine Hände in Unschuld, verwies auf eine direkte Order von Kanzler Dollfuß. In der Zwischenzeit erklärte Dollfuß die Sozialdemokratische Partei für aufgelöst und verboten, ihre Mandate für verfallen. Durch einen Federstrich wurde Seitz zur Privatperson erklärt. Die Polizei nahm ihn nun unter Gewaltanwendung fest und schleifte ihn und die Stadträte die Treppen des Rathauses hinunter in die bereitgestellten Einsatzwagen. Im Polizeigefangenenhaus an der Elisabethpromenade, der heutigen Rossauer Lände, angekommen, wurden Seitz und seine Parteifreunde als „Juden" und „Verbrecher" beschimpft und in enge Zellen gesperrt.

Am 13. Februar brach der Widerstand in Margareten, wo sich die Kämpfe um den Reumannhof konzentriert hatten, zusammen; wenig später mussten auch die Schutzbündler in den anderen Bezirken aufgeben. Otto Bauer und Julius Deutsch, zu Beginn der Ersten Republik noch Außen- und Verteidigungsminister, waren gezwungen, ihre Kampfzentrale im Favoritner George-Washington-Hof zu verlassen und bei Nacht und Nebel in die Tschechoslowakei zu flüchten, wo sie versuchten, eine – illegale – österreichische Auslands-Sozialdemokratie aufzubauen.

Am 16. Februar hatte Dollfuß gesiegt. Er hielt ein schreckliches Blutgericht: 13 Sozialdemokraten wurden unter Verhöhnung jedweder Rechtsstaatlichkeit hingerichtet, darunter auch der als Abgeordneter eigentlich immune Koloman Wallisch und der schwerst verletzte Hietzinger Schutzbundkommandant Karl Münichreiter, der auf der Bahre zum Galgen getragen werden musste; unzählige andere verschwanden hinter Kerkermauern. Nur einem kleinen Teil der Kämpfer gelang die Flucht in die Tschechoslowakei.

Karl-Marx-Hof nach dem Beschuss, 18. Februar 1934

KOLOMAN WALLISCH, erhängt am
19. Februar 1934

Im Ständestaat: Bundeskanzler
Dollfuß, im Hintergrund
Kardinal Theodor Innitzer

Prominentes Opfer der Februarkämpfe:
Nationalratsabgeordneter und
Schutzbündler Koloman Wallisch

Seitz verbrachte volle fünf Tage in seiner Zelle, ehe er das erste Mal den Gefängnishof betreten durfte. Tags darauf wurde er erstmals einvernommen. In Umkehrung der tatsächlichen Ereignisse wurde er danach befragt, wann und wie der sozialdemokratische „Aufstand" beschlossen worden sei. Als Seitz nicht klein beigab, wurde er am 2. März 1934 ins Landesgericht überstellt, wo die Verhältnisse noch dramatisch schlechter waren als zuvor im Polizeigefangenenhaus an der Elisabethpromenade. Seitz konnte hier nicht einmal mehr den Himmel sehen, seine Zelle war völlig mit Wanzen und anderem Ungeziefer verseucht, die sanitären Bedingungen spotteten jeder Beschreibung. Am 30. April erlebte er jedoch eine freudige Überraschung: Die anderen Häftlinge gedachten des 1. Mai und riefen quer durch die Haftanstalt politische Parolen, darunter auch „Hoch Seitz!" Dieser stellte sich derweil die bange Frage: „Hohe Politik, werde ich sie noch einmal erleben?" Um sich dann selbst zu antworten: „Ja, ich will!"

Opfer zweier Diktaturen

Seitz war zu diesem Zeitpunkt bereits seit fast drei Monaten inhaftiert. Den Gefängnisalltag erleichterte er sich mit Lektüre – am Vormittag vorzugsweise Kant, nach dem Mittagessen und abends vor dem Abschalten der Beleuchtung zumeist Belletristik –, obschon ihm das Lesen von Büchern erst am 7. Mai gestattet wurde. Als erstes Buch bestellte er sich die „Kritik der reinen Vernunft". Dort fand er einen Satz, der perfekt auf seine Situation zu passen schien: „Die Vernunft muss sich in allen ihren Unternehmungen der Kritik unterwerfen und kann der

Freiheit derselben durch kein Verbot Abbruch tun, ohne sich selbst zu schaden und einen ihr nachteiligen Verdacht auf sich zu ziehen [...]." Doch in Österreich und Deutschland regierte schon lange keine Vernunft mehr. Mitte Mai befasste sich Seitz mit Freud, der ihm aber wenig Freude machte: „Der Schluss ist schlecht. Er versteht nichts von Marxismus und Sozialismus und Bolschewismus, aber er schreibt darüber. Das ist traurig." Zolas „Germinal" war da schon eher Seitz' Kragenweite ... Und immer wieder Kants „Kritik der reinen Vernunft", die er in der Haft gleich mehrmals las: „Kant gelesen und mich heftig mit ihm herumgestritten."

Mitte Juni 1934 – Seitz war immer noch im Gefängnis – trug sich der ehemalige Bürgermeister gar mit dem Verfassen eines Romans, den er allerdings ob der begrenzten Möglichkeiten, die ihm in der Haft zur Verfügung standen, nur in Kurzschrift hätte schreiben können: „Es würde ja niemand lesen können, außer Frl. Seidel. Und die wird sich wohl nicht dafür interessieren, außer für das Stenogramm. Sie ist der einzige Mensch, der mein Stenogramm lesen kann." Emma Seidel sollte elf Jahre später Seitz' zweite Frau werden.

Vorerst wurde Karl Seitz durch das Regime systematisch verunglimpft. Er habe Privilegien genossen, sich bereichert und die Arbeiter für seine Machinationen ausgenutzt. Überflüssig zu erwähnen, dass derlei Anwürfe jeder Grundlage entbehrten. Der Vorwurf etwa, er habe die Dienstwohnung im Rathaus um 500.000 Schilling verbessern lassen, war schon deshalb völlig absurd, weil Seitz – im Gegensatz zu seinen christlichsozialen Vorgängern und seinem unmittelbaren Nachfolger – niemals im Rathaus gewohnt hatte. Doch die Schikanen nahmen kein Ende. Als

Straßensperren nach dem Juliputsch in Wien, 1934

Auch unter Hausarrest büßte Seitz
nichts von seiner Popularität ein

Thomas Mann

während seiner Inhaftierung Seitz' Schwester Adele starb, erhielt er nicht einmal für das Begräbnis Haftausgang.

Wie weit die Schikanen gegen ihn gingen, zeigte sich, als er im August 1934 schwer erkrankte. Medizinische Betreuung erhielt er erst, als er sich verpflichtete, für diese selbst aufzukommen und auch die erforderlichen zusätzlichen Bewacher zu bezahlen. Da ihm aber seine Lehrerpension gestrichen und die Bürgermeisterpension auf ein Minimum von 445 Schilling zusammengekürzt worden war, bedeuteten die 24 Schilling, die er pro Tag für die Bewacher berappen musste, eine außerordentliche Belastung für ihn, die seine Frau nur durch den Notverkauf von Einrichtungsgegenständen bewältigen konnte.

Ein kleiner Lichtstreif am Horizont war da ein Brief, der ihn in seiner Zelle erreichte. Niemand Geringerer als Thomas Mann schrieb dem prominenten Häftling: „Als Oberhaupt der Stadt Wien haben Sie mir, einem deutschen Schriftsteller, dessen Name nun auch bei sich zu Hause verpönt ist, bei meinen Besuchen in Ihrer Stadt amtlich und persönlich so viel ehrende Freundlichkeit erwiesen, dass ein abgewandtes Geschehenlassen dessen, was Ihnen jetzt geschieht, recht elend von mir wäre. Darüber hinaus weiß ich, was Sie als Politiker und Volksfreund Großes gewollt und Großes getan haben." Dieser Brief allein war für das Regime noch keine große Peinlichkeit, denn Mann galt trotz seines Literaturnobelpreises in jenen Tagen als Exilierter selbst nicht viel. Doch Seitz' ausländische Freunde hatten noch eine andere Überraschung für die herrschende Diktatur parat: Es gelang ihnen, ein Bilderalbum mit den Leistungen des „Roten Wien" an den Buckingham Palace zu schicken – wissend, dass der britische Thronfolger bei einem Wien-Besuch vom Aufbauwerk der Wiener

Sozialdemokraten sehr beeindruckt war. Und tatsächlich dankte der künftige britische König dem „Lordmayor" schriftlich für seine Freundlichkeit, ihm den Bildband zukommen zu lassen; das entsprechende Schreiben musste Seitz in die Zelle zugestellt werden. Die Inhaftierung aus Gesinnungsgründen wurde für die wankende Regierung mehr und mehr zur peinlichen Verlegenheit, und doch musste Seitz gemeinsam mit dem gewesenen Bundesratspräsidenten Theodor Körner am längsten von allen führenden Sozialdemokraten hinter Gittern ausharren.

Nach vielen Monaten hinter Gefängnismauern kam Seitz aufgrund seiner ernsten Erkrankung wenige Tage vor Weihnachten 1934 endlich auf freien Fuß. Aber die Bedingungen dafür waren demütigend: Er musste seinen Pass abgeben, durfte Wien nicht verlassen, kein Telefon und kein Auto benutzen. Seine Korrespondenz hatte er vorab den Behörden vorzulegen, Umgang durfte er nur mit seinen engsten Verwandten pflegen. Zur Kontrolle dieser Auflagen wurden zwei Kriminalbeamte in seiner Wohnung einquartiert. Das Haus durfte Seitz ausschließlich in Begleitung der Polizisten verlassen, wobei ihm nur einige wenige ausgewählte Routen erlaubt waren.

Doch selbst seine Spaziergänge gerieten zur Peinlichkeit für die austrofaschistische Diktatur, denn wo immer Seitz auftauchte, wurde er ehrfurchtsvoll von den Passanten gegrüßt. Der „Spaziergänger" war für die überwältigende Mehrheit der Wiener immer noch „ihr Bürgermeister". Man hatte weder sein Aufbauwerk noch seine aufopfernde Tätigkeit für die Stadt vergessen. Allein durch seine allsonntäglichen Krankenbesuche zwischen 1923 und 1934 hatte er unzähligen Wienern vermittelt, dass sich die Stadt ihrer Bürger annahm. Der weitgehend unbekannte Herr Schmitz stand da als Bürgermeister auf verlorenem Posten, sodass sich Leopold Kunschaks „Österreichische Arbeiterzeitung" darüber mokierte, dass „dieselben Leute, die sich hundertprozentig vaterländisch gebärden, ihre Buckerl" vor Seitz machten.

Seitz stand bis 1938 unter ständiger Überwachung durch das Regime und wurde immer wieder drangsaliert, wenn man ihm auch zwischenzeitlich den Umgang mit anderen alten Sozialdemokraten gestattete, was freilich wieder auf typisch österreichische Art erfolgte: Der neue Staatschef war beunruhigt darüber, wie populär Seitz immer noch war, und ließ diesen diskret ersuchen, wenigstens am Sonntag nicht so demonstrativ durch die Stadt zu schreiten. Als Gegenleistung für dieses Zugeständnis gestattete man ihm Treffen mit alten Freunden, innerstädtische Telefonate und Theaterbesuche. Ein hilfloser Versuch eines wankenden Regimes, eines Gegners Herr zu werden.

Denn mittlerweile stand der Diktatur selbst das Wasser bis zum Hals. Bereits im Juli 1934, nur wenige Monate nach der endgültigen Ausschaltung der Demokratie im Lande, war Dollfuß einem nationalsozialistischen Attentat zum Opfer gefallen. Damals hatte noch das faschistische Italien schützend seine Hand über Österreich gehalten. Doch Mussolini musste sich mit Hitler arrangieren, wollte er seine eigenen Pläne ungestört verwirklichen. So konnten die Nazis ihre Pläne für einen Anschluss Österreichs wieder aufnehmen. Seitz notierte damals hellsichtig in sein Tagebuch: „Eine spezifisch österreichische Diktatur wird sich nicht halten. Und ein Verfall Österreichs an Deutschland, eine Gleichschaltung Österreichs wird der Anfang eines großen europäischen Unglücks sein." Seit 1936 wurde Österreich immer stärker vom nationalsozialistischen Deutschland

Das Kruckenkreuz weicht dem Hakenkreuz

Adolf Hitler in Wien, 15. März 1938

Im Gewahrsam der nächsten Diktatur

Hermann Neubacher,
Wiener Bürgermeister 1938–1940

Carl Goerdeler, deutscher Politiker
und Widerstandskämpfer 1884–1945

unter Druck gesetzt, und im März 1938 befanden sich die Austrofaschisten genau dort, wohin sie vier Jahre zuvor die Sozialdemokraten geschickt hatten: in den Gefängniszellen.

Allerdings wurden auch viele Sozialdemokraten abermals inhaftiert, darunter der mittlerweile 69-jährige Karl Seitz, den ein deutscher SS-Mann bei der Einlieferung in das Polizeigefängnis vernahm: „Sind sie der ehemalige Oberbürgermeister Dr. Karl Seitz?" Dieser entgegnete kühl: „In den paar Worten, die sie da geredet haben, sind nicht weniger als drei grobe Fehler. Erstens bin ich kein Doktor, sondern ein ganz gewöhnlicher Volksschullehrer, zweitens bin und war ich kein Oberbürgermeister. So etwas gibt es in Deutschland. Hier in Wien haben wir es nur zu einem Bürgermeister gebracht, und der bin ich. Und drittens, ihr allergrößter Fehler. Ich bin kein ehemaliger, sondern ich bin der legal gewählte Bürgermeister von Wien, und einen anderen gibt es nicht." Als der neue Herr über das Rathaus, Hermann Neubacher, von Seitz' Verhaftung erfuhr, ordnete er, der unter Seitz Generaldirektor der gemeindenahen Gesiba gewesen und daher mit Seitz persönlich bekannt war, sofort dessen Freilassung an. Die Nazis versuchten sogar, den alten Mann zu umgarnen und für ihre Zwecke einzuspannen. Er möge – wie Karl Renner – dazu aufrufen, in der hierfür geplanten Volksabstimmung den „Anschluss" zu wählen. Seitz behielt auch hier seine Grandezza: Wenn der Vorstand seiner alten Partei einberufen werden könne und dies beschließe, dann werde er selbstredend diesen Beschluss nach außen hin vertreten. Bruno Kreisky erinnerte sich später daran, dass ihm Seitz 1947 in Schweden die Geschichte selbst erzählte. Seitz habe den Nazis auch gesagt, sie hätten von seiner Loyalitätserklärung ohnehin nichts, weil die Leute dann nur denken würden, „Jessas, jetzt ist der Seitz a schon nimma g'scheit im Kopf." Während sich also andere Politiker der Ersten Republik wie Renner und Innitzer in den „Anschluss"-Tagen anpatzten, blieb Seitz auch in jenen schweren Stunden seiner Überzeugung treu.

Seitz befand sich zwar in Freiheit, aber er war einsamer als je zuvor. Viele seiner Freunde waren von der Gestapo in die Kerker oder Konzentrationslager verschleppt worden, andere hatten gerade noch flüchten können. Sein einziger Trost blieb die Lektüre, der er nun umso öfter frönte. 1943 aber traf ihn ein weiterer Schicksalsschlag, als seine Frau nach 43 Ehejahren plötzlich verschied.

Ende 1943 organisierte sich der deutsche Widerstand mit zunehmender Entschlossenheit. Ein Kreis ehemaliger Politiker aus der Zeit der Weimarer Republik – unter ihnen der frühere konservative Leipziger Bürgermeister Carl Goerdeler und der frühere sozialdemokratische hessische Innenminister Wilhelm Leuschner – suchte den Kontakt zu antifaschistisch gesinnten Militärs, um Deutschland von der Terrorherrschaft der Nazis zu befreien. Dazu streckten sie ihre Fühler auch nach Österreich aus, wo die ehemaligen christlichen Gewerkschafter Felix Hurdes und Lois Weinberger ihre ersten Ansprechpartner waren. Weinberger nannte den deutschen Widerständlern auch Karl Seitz als möglichen Partner. Der bekam denn auch tatsächlich Besuch von Goerdeler und Leuschner, konnte sich aber ob seines Alters – er war mittlerweile fast 75 Jahre alt – nicht aktiv in den Widerstand einbringen. Das Attentat vom 20. Juli 1944 schlug jedoch fehl und die gesamte Organisation der Antifaschisten flog auf.

Noch am selben Tag stürmte die Gestapo Seitz' Wohnung und nahm ihn fest. Man war über Goerdelers Besuch bei ihm informiert. Seitz versuchte, die Visite als belanglos auszugeben; Goerdeler stellte sich trotz Folter und sonstiger Qual schützend vor Seitz und erklärte, dieser habe sich dem Unternehmen strikt verweigert. Diese Schutzbehauptung nutzte dem ehemaligen Bürgermeister jedoch nichts und er wurde ins Konzentrationslager Ravensbrück verbracht. Es handelte sich dabei um ein Frauen-KZ, das aber auch über eine kleine Männerabteilung verfügte, in der vor allem hochrangige Regimegegner untergebracht waren. Als Seitz anderntags zum Verhör gebracht wurde, zog eine Reihe ausgemergelter, geschundener Frauen an ihm vorbei, die zum Arbeitseinsatz gebracht wurden. Seitz blieb stehen, verbeugte sich und sagte laut und vernehmlich: „Küss die Hand, meine Damen!" Für einen kleinen Moment hatte der alte Mann den Geknechteten ihre Würde zurückgegeben.

Obschon Seitz wegen seines Alters und seiner Prominenz nicht mehr zu körperlicher Arbeit herangezogen wurde, bereitete die Art und Weise, wie die Gefangenen im KZ behandelt wurden, auch ihm Qualen. Später erinnerte er sich: „Ich denke heute noch mit tiefem Entsetzen an das Schreien der armen Frauen, die geprügelt wurden und in der Nacht stundenlang barfuß im Schnee stehen mussten. Eine besondere Quälerei war es, nachts die Nummer eines Gefangenen aufzurufen, der dann meist entweder zur Folterung oder zum Erschießen geführt wurde." Seitz ermahnte sich selbst, die Nerven nicht zu verlieren, denn im Herbst 1944 schien die Rettung bereits nahe: „Täglich sagte ich mir vor, wir dürfen gerade jetzt nicht verzweifeln." Das KZ wurde für Seitz zur furchtbarsten Erfahrung seines Lebens: „Ravensbrück war für mich wohl die härteste Zeit meines Lebens, aber was waren schon meine Entbehrungen, verglichen mit den Marterungen und Quälereien, die so viele Frauen zu erleiden hatten. Die meisten von ihnen leben nicht mehr, man hat sie langsam getötet. Daß unter den wenigen, die diese furchtbarste Hölle überlebten, die österreichische Sozialistin Rosa Jochmann ist, ist für mich jedoch immer wieder ein Anlass tiefer Freude."

Das Ende des Schreckens

Der Krieg näherte sich allmählich seinem Ende, die Lage wurde für die Nationalsozialisten immer aussichtsloser. Und umso gefährlicher wurde sie für die Häftlinge. Seitz erkrankte Anfang 1945 schwer, sodass zu befürchten stand, dass er die Befreiung nicht mehr erleben würde. In seiner Verzweiflung schrieb er sogar einen Brief an den Reichsführer-SS Heinrich Himmler, in dem er diesen bat, er möge ihn in Wien sterben lassen. Tatsächlich aber scheint eine Intervention durch andere Personen bei Himmler Seitz das Leben gerettet zu haben. Im März 1945 wurde er ob seines zerrütteten Gesundheitszustandes aus dem KZ entlassen und in einem kleinen thüringischen Städtchen unter Arrest gestellt. Dort erlebte er zwei Monate später das Ende der Barbarei.

Im Juni 1945 wurde Karl Seitz von einer Delegation, die der neue Wiener Bürgermeister Theodor Körner nach ihm ausgesandt hatte, gefunden. Im Triumphzug kehrte er nach Wien zurück, wo ihn nicht nur seine Parteifreunde jubelnd empfingen. Zehntausende Menschen demonstrierten vor dem Rathaus und schwenkten Transparente, auf denen der „Baumeister des Roten Wien", „unser Bürgermeister Karl Seitz" begrüßt wurde. Und die Zeitung „Neues Österreich" schrieb am darauffolgenden Tag: „So etwas wie seelische

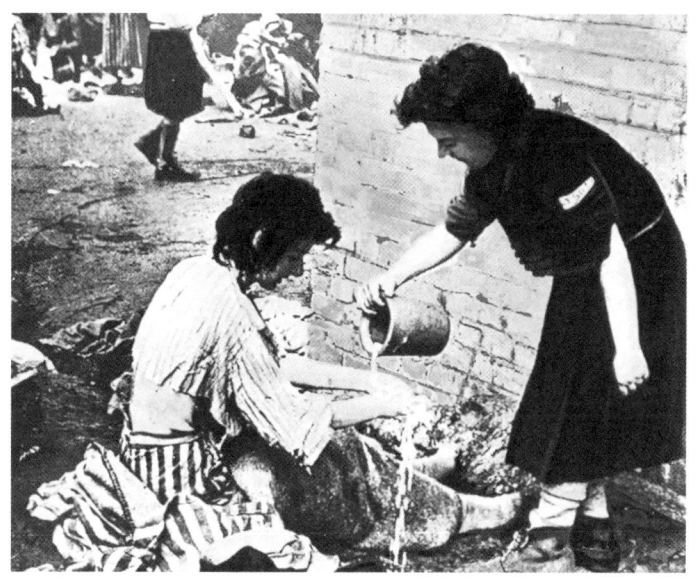

Häftlinge im KZ Ravensbrück

Rückkehr nach Wien, 23. Juni 1945

Entspannung wehte über den Massen. Alle Sorgen des Alltags schienen vergessen."

Seitz' alte Partei übernahm wie schon nach dem Ende des Ersten Weltkriegs wieder an führender Stelle Verantwortung. Karl Renner avancierte 1945 abermals zum Kanzler, der diesmal einer Koalition der drei demokratischen Parteien – seiner eigenen, der ÖVP und der KPÖ – vorstand. Im Wiener Rathaus waren bereits im April 1945, als anderswo noch gekämpft worden war, führende Sozialdemokraten zusammengekommen, um einen demokratischen Stadtsenat zu bilden. Da Seitz nicht verfügbar gewesen war und sich sein Vize Georg Emmerling und Stadtrat Paul Speiser zu krank gefühlt hatten, hatte man Theodor Körner an die Spitze der Stadt berufen.

Seine Partei, die sich nun SPÖ nannte, bat Seitz, wieder den Vorsitz zu übernehmen. Doch er lehnte, nachdem er pro forma übergangsweise die Obmannschaft wahrgenommen hatte, mit Rücksicht auf sein Alter und seinen Gesundheitszustand ab, sodass im November 1945 Adolf Schärf der dritte Vorsitzende in der Geschichte der österreichischen Sozialdemokratie wurde – jener Adolf Schärf, der in der Ersten Republik Seitz' Privatsekretär gewesen war. Zu einer Nationalrats-Kandidatur freilich ließ sich Seitz sehr wohl überreden, und so zog er im Dezember 1945 neuerlich in jenes Haus ein, dem er schon 44 Jahre zuvor angehört hatte. Im selben Monat wählte der erste Bundesparteitag der SPÖ Seitz zum Ehrenvorsitzenden der Sozialisten.

Auch privates Glück sollte der alte Mann noch einmal finden. Im August 1945 heiratete er Emma Seidel, die Tochter der ehemaligen Abgeordneten Amalie Seidel. Sie war zwischen 1919 und 1934 Seitz' Sekretärin gewesen.

In seinen letzten Lebensjahren setzte sich Karl Seitz im Rahmen seiner Möglichkeiten für eine Vielzahl sozialer Anliegen ein und verfolgte aufmerksam den Wiederaufbau seiner Stadt. Er engagierte sich aber auch persönlich für Österreichs Wiedererlangung der vollen Souveränität. Im Nationalrat wandte er sich im März 1946 direkt an die Alliierten: „Wir appellieren an den demokratischen Sinn des englischen, des französischen, des russischen und des amerikanischen Volkes. Wahret eure Würde, indem ihr auch die Würde dieses kleinen österreichischen Staates und seines Parlaments wahret. Verteidigt eure Demokratie, indem ihr die der Österreicher verteidigt."

Sein Appell, Schlusspunkt einer fulminanten Rede, wurde im Ausland vernommen und stieß auf beachtliches Echo. Tatsächlich reagierten die Alliierten und verständigten sich auf ein neues Kontrollabkommen, in dem sie Österreich mehr Autonomie einräumten. Hatten österreichische Gesetze bislang erst Gültigkeit erlangt, wenn sie vom Alliierten Rat gutgeheißen worden waren, so traten sie jetzt in Kraft, wenn der Rat nicht innert eines Monats einstimmig dagegen Protest einlegte. Damit hatte Österreich bei seiner Rückkehr zu einem autonomen Staatswesen einen wichtigen Schritt getan, wenngleich ein verbindliches Abkommen, das Österreich die volle Handlungsfähigkeit zurückgab und für den Abzug der alliierten Soldaten sorgte, immer noch fehlte.

Seitz sollte die Unterzeichnung des Staatsvertrages nicht mehr erleben. Immerhin aber stand er im September 1949 im Mittelpunkt zahlreicher Feierlichkeiten aus Anlass seines 80. Geburtstages. Selbst sein langjähriger Gegenspieler in Wien, Leopold Kunschak, der mittlerweile zum Nationalratspräsidenten avanciert war, erwies Seitz nun seine

Reverenz. Die Zweite Republik war tatsächlich ein „neues Österreich".

Seitz selbst aber war ganz der alte geblieben, und das wurde zunehmend zu seinem Problem. Es fing damit an, dass er nach seiner Rückkehr nach Wien nicht in der Dienstwohnung im Rathaus einziehen konnte, da diese durch amerikanische Bomben völlig zerstört war. Seitz' Nachfolger Theodor Körner wohnte übrigens in seinem Büro, schlief auf einem Feldbett, kochte sich auf einem Kanonenofen sein Essen und wusch seine Wäsche in einem alten Trog. Für Seitz und seine neue Ehefrau wurde schließlich eine mondäne Bleibe in Döbling gefunden, wo sie am „Himmel" Quartier nahmen. Schwer krank, wurde er zusehends immobil, was ihn vom Informationsfluss der Partei mehr und mehr abschnitt, worunter er sehr litt. An Nebenfronten (Seitz stand mehreren sozialdemokratischen Organisationen und Vereinen vor) versuchte er, große Politik zu machen, was nicht immer goutiert wurde. 1947 besuchte er seine Schwester in Schweden, wo er einen Schlaganfall erlitt, von dem er sich lange nicht erholte, jedenfalls nie zur Gänze. Die genannten Feiern zu seinem 80. Geburtstag waren mithin Seitz' letzte große Stunde, in der auch eine erste Biografie über ihn erschien, die Anton Tesarek verfasst hatte. Dort heißt es: „Karl Seitz gehört zu den großen Baumeistern europäischer Kultur. Und darum ist ihm unsere Liebe, die Liebe der österreichischen Sozialisten, die Verehrung aller Österreicher sicher." Damit knüpfte er an eine Würdigung Seitz' durch Julius Tandler an, der 20 Jahre zuvor gesagt hatte: „Wir lieben in Dir den guten, stets hilfsbereiten Menschen. Wir lieben die Güte Deines Herzens, diese innere Liebenswürdigkeit, die Freunde fesselt und Fremde gewinnt."

Karl Seitz mit Karl Renner, August 1945

Trauerzug durch die Innenstadt, 11. Februar 1950

Im Herbst 1949 kandidierte Seitz dennoch abermals für den Nationalrat, verstarb jedoch am 3. Februar 1950 im 81. Lebensjahr. Seinem eigenen Wunsch entsprechend wurde er am Wiener Zentralfriedhof neben Victor Adler begraben, fernab von der Gruft der Bundespräsidenten und der Hauptallee der Prominentengräber, inmitten der Gefallenen der Revolution von 1848, der Seitz zeitlebens innerlich verbunden geblieben war.

Karl Seitz mit Gustinus Ambrosi

WIRKUNG

Im Gedenken an Karl Seitz

Obwohl Karl Seitz jahrzehntelang eine bestimmende Persönlichkeit des Landes war, erinnern erstaunlich wenige Denkmäler an ihn. So gibt es bis heute keine Verkehrsfläche in Wien, die nach ihm benannt wäre. Immerhin aber erhielt der 1926 unter ihm eröffnete Jedleseer Hof den Namen Karl-Seitz-Hof, den auch eine Büste von Seitz, geschaffen von Gustinus Ambrosi, ziert; der Vorplatz der Wohnhausanlage heißt Karl-Seitz-Platz. In der Himmelstraße 43 weist eine Gedenktafel darauf hin, dass Karl Seitz seine letzten Lebensjahre hier verbrachte. Vor dem Wiener Rathaus, das elf Jahre hindurch seine Wirkungsstätte war, steht seit 1962 eine lebensgroße Seitz-Statue (gegenüber jener von Theodor Körner), die der Karl-Seitz-Denkmalverein bei Gottfried Buchberger in Auftrag gegeben hatte. Und vor dem Eingang zum oberen Vestibül des Parlaments, das gleichfalls jahrzehntelang seine Arbeitsstätte gewesen war, befindet sich eine Gedenktafel, die an sein Wirken als Parlamentspräsident erinnert. Schließlich sind in Österreich fünf Straßen nach Karl Seitz benannt, wenngleich just seine Wienerstadt noch darauf warten muss, eine solche zu erhalten. Die Chancen dazu stehen vielleicht gar nicht so schlecht, denn gerade in den letzten Jahren ist das Interesse an Österreichs erstem republikanischen Staatsoberhaupt wieder gestiegen. Hatte es bis in die jüngste Vergangenheit gerade einmal zwei Seitz-Biografien gegeben (neben jener von Anton Tesarek auch eine von Franz Blaha, die 1945 erschien), so sind mit Rudolf Spitzers und Harald Gröllers

Arbeiten zwei Darstellungen dazugekommen, die die Erinnerung an den Lehrer des Volkes am Leben erhalten. Damit ist Gröllers Wunsch, das Wirken von Seitz im gegenwärtigen Bewusstsein der Gesellschaft wieder stärker zu verankern, seiner Erfüllung ein Stück näher.

ÜBER DEN AUTOR

Andreas Pittler wurde 1964 in Wien geboren und studierte Geschichte, Germanistik und Politikwissenschaft an der Universität Wien. Seit 1994 arbeitet er in der Pressestelle des Österreichischen Parlaments, seit 2010 hat er einen Lehrauftrag an der Donau-Universität Krems inne. Pittler ist Träger des „Silbernen Ehrenzeichens für Verdienste um die Republik Österreich" und Sprecher der Jury zur Vergabe des Leo-Perutz-Preises der Stadt Wien. Er veröffentlichte bislang 40 Bücher, darunter Biografien über Bruno Kreisky und Samuel Beckett, aber auch neun Romane, zuletzt „Tinnef" (2011), der für den Friedrich Glauser-Preis nominiert wurde.

PERSONENREGISTER

BILDNACHWEIS

ÖNB/Bildarchiv Wien: S. 10, S. 14, S. 28, S. 33, S. 37, S. 40, S. 42, S. 50, S. 55, S. 59, S. 62, S. 69, S. 72, S. 75, S. 79, S. 80 u.l., S. 85 u., S. 88, S. 90 u., S. 92; VGA/AZ-Fotoarchiv: S. 18 o., S. 25; APA/Picturedesk: S. 85 o., S. 90 o.; DÖW-Archiv: S. 80 o.; Bezirksmuseum Meidling: S. 18 u.; Goerdeler-Stiftung, Leipzig: S. 80 u.r.